U0784562

孙子兵法全译

⊙田昌五 著

齊魯書社

前 言

《孙子兵法》是我国现存最古老的一部兵书，也是世界上最古老的兵书。它是中国兵学的奠基之作，为后世兵学所取法，故被称为兵经。它不仅是中国兵学之祖，孕育了中国兵学，而且对世界兵学产生着越来越大的影响,已成为现代世界兵学的重要来源，被列入世界兵学之宝库。

《孙子兵法》至今仍然具有强大的生命力。它不仅可以用于治军，用于现代战争，而且可以用于治国，用于经济管理，用于商业竞争，用于体育竞赛，等等。因而，它越来越受到各有关方面的重视，被应用于各种行业。之所以如此，在于它产生于我国古代的一次社会大变革的年代,集中反映了当时新出现的社会关系。即：富国强兵，文武并设，以全胜争于天下。统观全书，无处不洋溢着争胜的精神。所谓争胜，不仅是要在战场上克敌制胜，更重要的是在政治实力、经济实力、军事实力等等方面争取全面优胜，做到综合国力举世无双；所谓争胜，也不是单纯地争取军事上的胜利，而是要根据当时的“国际”形势，作出全面的战略部署，争取不战而胜。当然，在当时列国纷争的情况下，战争是不可避免的。但在实地战争中，也要争取全胜，即以最少的牺牲和代价争得最大的成果。这里所说的成果，不限于胜利的战果，而是取人之土地民人而有之，取人之城郭宫室而有之，取得天下而有之。书中所说“王霸之兵”，此之谓也。王指三代之王，霸指春秋五霸，合三王五霸，以争胜于天下并赢得天下，这就是本书的根本宗旨。全书就是以此为中轴而展开的，一切战略战术都是由此而生并为此而用的。这是一部走向新时代的战争进行曲，奏出了时代的最强音，预示着一个新时代即将到来了。

这部时代进行曲的作者，就是站在那个时代前沿的孙武子。据《史记·孙子吴起列传》记载："孙子武者，齐人也。以兵法见于吴王阖庐。阖庐曰：'子之十三篇，吾尽观之矣'。"由此可知，他原是齐国人，后来才到吴国去的。但仅此还无从得知其身份和来历，以致后世有怀疑其为孙膑者。1972年山东临沂银雀山汉墓出土竹书中有《孙子兵法》和《孙膑兵法》，说明孙武子和孙膑实非一人。他们的关系，当如《史记》所说："膑亦武之后世子孙也。"不过，孙武子的身份和来历仍不清楚。只见《新唐书·宰相世系表》中有一段话，说孙武是齐国田书的孙子，因齐国内乱而奔吴，佐吴伐楚，并北上争霸中原，而且说他是齐之乐安人（原山东省惠民地区）。有些人就以此补《史记》之不足，以为这个疑案就算解决了。其实，这段材料是不可靠的。一则田书是田釐子乞之弟，而材料中说他是田乞之子田常之弟，兄弟叔侄全错了位；二则到田书之孙那个时候，吴国早已灭亡，他想奔吴都不可能了。这段材料既不可靠，只得另找线索。经过查证，发现了一位可疑的人物。此人名开，字开疆，号武子，乃齐国卿士田文子无须之孙，田桓子无宇之子也。他是田釐子乞之兄，按理应该由他继承卿位的，但此人却不见了。看来，只有他才是由齐奔吴的孙武子。

孙武子为什么让位奔吴，内情不详。但他为什么要奔吴，却可由当时的"国际"形势来说明。他大约和孔子（公元前551年——前479年）同时而略早，其时春秋争霸已近尾声。晋国内权归六卿，各自为政，互相争夺。齐国亦然，卿族之间的斗争接连不断。秦国僻处西戎，内部矛盾日益加剧，自顾不暇。楚国内部也乱了套，这只要提一下伍子胥由楚奔吴就足以说明问题了。当时吴国内部虽然也存在着一些问题，但它还是最有希望争夺霸主地位的。孙武子既然志在佐明主以取天下，他只有奔吴为好了。据有关材料，他和伍子胥是好朋友，二人应是大致同时奔吴的。

吴国虽然在极一时之盛之后很快就灭亡了，但《孙子兵法》却流传开来，保留下来了。之所以如此，在于它不是专为吴国而作的，而是适应时代之需要而作的。吴国之勃兴，证明它是一部杰作；吴国之速亡，同样证明它是一部杰作。这样的杰作是永远不朽的。后人尊孙武子为兵圣，就是最好不过的证明。早在公元前6世纪后期，中国就出了这么一位伟大的军政人物，写了这么一部不朽的杰作，我们应为此感到骄傲和自豪。这不仅是中国人民的宝贵财富，而且是中华民族提供给世界人民的宝贵财富。

《孙子兵法》虽然是一部军事著作，讲的主要是战争规律，但对我们建设有中国特色的社会主义，同样是有用的。从某种意义上说，它对我们今天的用途较之战争年代不是减小了，而是增大了；不是削弱了，而是增强了。何以言之?《孙子兵法》的立足点是战略进攻，速胜速决，可是我们进行的人民战争在长期内都是立足于战略防御的，只在最后两年才转入了战略进攻。所以在战争年代，它更多的是在战役和战术方面对我们有用处，在战略方面的用途是不大的。只有毛泽东才解决了这个问题，引导我党我军和我国各族人民取得了民主革命的伟大胜利。毛泽东可谓当代兵圣。我们更为中国出了个毛泽东而感到骄傲和自豪。但正如毛泽东所说，这不过是万里长征走完了第一步。建国后我们面临的主要问题是如何实现工业、农业、国防和科学技术的现代化，争取建设一个繁荣富强的现代文明国家。这就有一个战略转移的问题，有一个在全新的历史条件下的发展战略问题，有一个战略进攻、即向四个现代化进军的问题。就这一点来说，孙武子的战略进攻思想就大可取法了，何况这种战略思想本来就是以综合国力的对比为前提的。环顾宇内，今日之世界和春秋末年颇为类似，中国是个大有希望的地方。世界注视着中国，看炎黄子孙正在奋起，千千万万当代孙武子一展雄姿的机会来到了。如前所说，《孙子兵法》中的思想闪光点在于争胜，我们要不要在实现四个现代化的征程中争胜，把名字刻在振兴中华的千秋丰碑上呢？我看要，你要他要我要，大家都需要。我们各条战线都要为此而争胜，各行各业都要为此而争胜，每个人都要在自己的岗位上用实际行动来争胜，争取达到世界水平，争取在不远的将来赶上并超过当今世界上最发达的西方国家。为此，我们在世界和平与战争的问题上也要争胜，争取用和平压倒战争，争取一个和平的国际环境。现在我们的国际机遇很好，我们要像《孙子兵法》中所说争取先机之利那样，抓好这次机遇。“禁祥去疑”，“不可求于鬼神，不可象于事，不可验于度”，实事求是，真抓实干，干出一番前无古人的事业来。过去我们要救亡图存，今天我们要以发展求生存，除此别无选择。不进则退，优胜劣汰。救亡图存是国之大事，在发展中求生存，也是国之大事。“国之大事，生死之地，存亡之道，不可不察也。”

有鉴于此，我决心挤时间把《孙子兵法》翻译出来。翻译出来，主要不是为了战争，而是为了和平与发展；主要不是为了内行，而是为了外行。我本人虽稍知兵书，但总的说是个外行。用孔夫子的话说，就是“军旅之事，未尝学也”。不过，外行也有外行的好处。这就是，可以把内行专用的法宝用之于外行，以军旅之理处理非军旅之事，让《孙子兵法》在军事以外的领域焕发出新时代的光彩。我不想抢行，但要借光，把光带给所有的外行。

《孙子兵法》流传既久，传抄错讹自所不免，历代释家亦见仁见智，各有短长。此次翻译，所据乃吴九龙主编《孙子校释》本（军事科学出版社 1990 年出版）。这个本子虽不无瑕疵，但总的说是个最好的本子。好就好在它对传世本进行了全面的清理校正，而且参以临沂银雀山一号汉墓出土汉简本。从全文来看，他们工作得认真而细心，几乎是逐字逐句进行校正的。功不可没，应予充分肯定。予择善而从，自然要用这个本子。当然，我也稍有补正，但微不足道，不过几个字而已。至于是非得失，则不可必，故稍加交代，以示责有所归。如果有改错的地方，那是不能由他们负责的。全书篇次，不用说是从《校释》本的安排，有些地方我虽有所考虑，如《作战》与《谋攻》之孰先孰后就值得斟酌，但无关宏旨，也就不作变动了。这样，《孙子兵法》十三篇的次序依然是：一、计篇，二、作战篇，三、谋攻篇，四、形篇，五、势篇，六、虚实篇，七、军争篇，八、九变篇，九、行军篇，十、地形篇，十一、九地篇，十二、火攻篇，十三、用间篇。

我的工作主要是如何把《孙子兵法》译为今文。这件事说来简单而又不简单。我总还是读过几本古书，把《孙子兵法》译成今文，大体上是不成问题的；即使不达其意，也能把文字顺下来。问题是：如何把原文的精神表达出来，并使读者能从译文了解原文，进而离开译文通读原文，甚至把原文更好地译为今文。首先，对篇题就很难解通。例如首篇名《计》，究竟是指计谋还是计算，抑或二者兼而有之，历来就有不同的理解，令人莫衷一是。经过反复推敲，并参考《形篇》中的有关段落，方知其为计算综合国力。而要理解这一点，还必须懂得我国古代是如何计算国力的。再如《作战篇》，从题名看似乎是讲打仗，然而实际上讲的却是战争准备工作，或者说是人力物力财力的战争投入和消耗。正是由这一点着眼，篇中才提出“兵贵速，不贵久”的论点。所以，兵贵速胜，并不是本文的主题思想。《谋攻篇》也有类似问题，其主旨是讲以谋略取胜，不战而屈人之兵，并不是讲作战的计谋。《形篇》讲攻守，攻守都要立足于实力，但此篇又着眼于攻守之形，而攻守之形和实力又是不一致的。这样，本篇是讲实力还是讲攻守之形，就颇费斟酌了。《势篇》的要害是讲奇正，然而如果只理解为以主力对敌，以小部队迂回袭击敌人，也会失其本意。因为，这样正总为正，奇总为奇，就谈不上奇正的变化了。而本文讲奇正之变则是不可穷尽的。《虚实篇》似乎很好理解，“避实击虚”就是了。然而本文所讲虚实只是一种攻战之势，所以虚实都是动态的而非静态的。或者说，这是作战过程中不断变化着的虚实，要随时捕捉敌人的空档，调整自己的主攻方向。不理解这一点，就如画龙而不点睛一样。《军争篇》所讲带有比较专门的军事特点，外行人很难把握，但意在争取主动并把对方置于被动地位，外行人还是能够理解的。《九变篇》究竟是讲什么？外行人固然难以理解，内行人恐怕也不是一眼就可以看穿的。所以，历来解此篇者多属皮毛之见。反复玩味，方知本篇所讲乃九种非正常的作战形态，即战争之变态。战争中的情况总是千变万化，遇到异常情况怎么办？这是需要研究和考虑的。《九变篇》回答了这个问题。在十三篇中，比较好理解的是《行军》、《地形》、《火攻》和《用间》诸篇，最难理解的莫过于《九地》。本篇开始似乎在讲地形，但接着就是上天下地，不知在讲什么了。读之又读，思之又思，方知其所讲乃是在各种不同作战地域的军心变化和如何利用地域和军心之变化进行调度和指挥的问题。本文力主到敌国纵深区域的绝地和死地上作战，正是由此出发的。透过本文，我们不难想象吴楚之战中吴军五战入郢之壮举。要之，解通篇题并非易事，是要花上一番功夫的。当然，也可以干脆不解，瞒天过海，但从读者的角度来问一下，这样作“于汝安乎”？恐怕稍为严肃一点的作者也不会无动于衷的。

其次，原文的内容更需要解读。一则原文的内容不是每个人都能看懂的。如果抄上一段原文，接着就译为今文，读者就不知你为何要这样翻译，更无从通过译文去解读原文了。当然，我们也可以设想，读者是能够理解这一切的，但这样又何必要你来翻译呢？二则原文本身并不是那么容易理解的，即是一些大家，其理解有误或失之偏颇者，比比有之。举例说，《九地篇》中有两句话：一曰“先夺其所爱，则从矣”；二曰“先其所爱，微与之期，践墨随敌，以决战事”。历来释家多用前一句话解后一句话，这就把后一句话完全扭曲了。这里看起来只有一字之差，但如果把“先其所爱”加入一个“夺”字，则“微与之期”和“则从矣”是无法对应的。类似的例子还有，这里就不多举了。再说，即使理解了原文，也未必能准确地翻译出来，特别是把原文的精神表达出来。我曾经说过，翻译本身是一种创作，不论是将外文译为中文，还是将古文译成现代文。对这件工作，是不能等闲视之的。信手拈来或大致过得去，即鲁迅所说的“差不多先生”，是不足为训的。毛泽东说过：“世界上怕就怕认真二字。”翻译工作同样要认真，而且更要认真。自己写的东西有错误，可以文责自负，翻译有误或不确切找谁呢？这里不仅有一个对读者负责的问题，还有一个对古人负责的问题，是一点也马虎不得的。

据此，本译本特作如下安排：一、逐篇进行题解；二、每篇都逐段进行详解，再作翻译；三、对原文进行全面校正，按篇次排列出来；四、全书解释之后，再把译文按篇次全部集中起来。读者可以径读译文，不解之处可以回头看原文之评解与翻译。如读者认为译文不妥或评解有误，可以参看原文。

现在，《孙子兵法》的译本颇多，我相信作者都是尽了努力的。尽了努力，当然可以问心无愧。但就我来说，尽了努力，未必就能无愧于古人和读者。因此，我在这项工作中，自然要参考众译本，比较其得失，择善而从，但更主要的则是深入理解原文，力争能贡献出一个更完善的译本，最好是一个范本。就这一点来说，我也是可以问心无愧的。不过，我是否有愧于古人和读者，就要由这方面的专家和广大读者来说话了。在这里，我诚恳地期待着专家们的批评与指正，诚恳地期待着广大读者的批评与指正。《诗》不云乎？“投之以木桃，报之以琼瑶。”我将在专家和读者的批评监督下，尽全力拿出更好的精神产品来。

谨此交代，以昭吾心。末了我要感谢齐鲁书社的朋友们，让我也有机会把更多的朋友吸引到《孙子兵法》这块阵地上来！

田昌五

1993.12.26.

目　录

计 篇

本篇主旨历来有二说。一说是计谋、策划、谋略。另一说是计算、筹算，即对敌我双方的综合国力和基本军力与作战能力进行估算与比较，作到知己知彼，稳操胜券。这是在宗庙之上就可以计算出来的，所以叫做“庙算”。经过庙算，就可预知战争的胜负了。前说偏离主题，当以后说为是。

〔原文〕孙子曰：兵者，国之大事〔也〕，死生之地，存亡之道，不可不察也。

〔评译〕中国古代“国之大事，在祀与戎”，即祭祀与战争。本篇由此入手，提出并说明战争的重大意义，甚为得题而有力。读本段，应从这种高度把握其精神。

孙子说：战争是国家的大事，军民死生之所系，国家存亡之关键，对它是不可不严肃对待并认真研究的。

〔原文〕故经之以五（事），校之以计而索其情：一曰道，二曰天，三曰地，四曰将，五曰法。

道者，令上与民同意也。故可与之死，可与之生而不诡也。

天者，阴阳、寒暑、时制也。

地者，高下、远近、险易、广狭、死生也。

将者，智、信、仁、勇、严也。

法者，曲制、官道、主用也。

凡此五者，将莫不闻，知之者胜，不知者不胜。

〔评译〕中国古代讲究天人关系，析而言之则为天时、地理、人事。用兵亦然。本段由此出发，从五个方面分言战争之道，以是否全面掌握此道作为决定胜负的基本因素。读此段，应理解这种精神。

因此，要把握五条经络，对敌我状况进行估量和比较，来探索战争胜负的情势。这五条经络：一是治民之道，二是天时，三是地利，四是将帅，五是法制。

治民之道，在于使民众和君主同心一志，可以和他们共同生，共同死，生死与共而无离异之心。

天时，指适应昼夜阴晴，严冬酷暑，四时节令气候。

地利，指利用路途远近，险要平坦，广阔窄狭，生地死地。

将帅，一看才智谋略，二看军令划一，赏罚明信，三看仁爱部属，四看勇猛决断，五看威严整肃。

法制，指军队的编制部署调度，设官分职用人，军需筹措供应。

凡属这五个方面的情况，将帅都不能不知晓。熟悉掌握这些情况的就能打胜仗，不了解这些情况的则不能取胜。

〔原文〕故校之以计，而索其情。曰：主孰有道？将孰有能？天地孰得？法令孰行？兵众孰强？士卒孰练？赏罚孰明？吾以此知胜负矣。

〔评译〕本段紧承上段而来。上段重在从五个方面“校之以计”，本段则从七个方面“索其情”，即探索敌我双方的情势。

所以，据上述五个方面的估量和比较，就可从七个方面判断敌我胜负的情势。即：哪一方的君主善于治国安民？哪一方的将帅更有才能？哪一方能得天时地利？哪一方的法令能贯彻实行？哪一方的军队阵容强大？哪一方的士卒更为精练？哪一方赏罚严明公正？我们依据这一切，就能判断谁胜谁负了。

〔原文〕将听吾计，用之必胜，留之；将不听吾计，用之必败，去之。

〔评译〕本段为多余之笔，同前后文均不衔接。且历来多有歧解，一说“将”作如果解，一说“将”指将领。现两译之：

如果听从我的计谋，用来打仗一定胜利，我就留下来；如果不听从我的计谋，用兵打仗一定失败，我就离去。

将佐听从我的计谋，用他打仗一定胜利，就重用之；将佐不听从我的计谋，用他打仗一定失败，就撤免之。

〔原文〕计利以听，乃为之势，以佐其外。势者，因利而制权也。

〔评译〕本段总上启下，通贯下文。从敌我双方力量对比转入作战指挥中的随机应变，造成有利于我的态势。

依据力量对比制定的有利于我的作战方略被采纳后，就要造就态势，借以将我军之潜能转化为战场上的优势。所谓态势，就是在战争中权衡利弊而作出的各种变化和举措。

〔原文〕兵者，诡道也。故能而示之不能，用而示之不用，近而示之远，远而示之近。

利而诱之，乱而取之，实而备之，强而避之，怒而挠之，卑而骄之，佚而劳之，亲而离之。

攻其无备，出其不意。此兵家之胜，不可先传也。

〔评译〕本段承上文，总言临敌制权的基本要领和各种方法，虚虚实实，真真假假，明明暗暗，变幻莫测，充满了辩证法的精神。

用兵的要领在于诡诈。所以，能打装作不能打，要打装作不要打，要向近处装作要向远处，要向远处装作要向近处。

敌人贪利，就用财利去引诱它；敌人混乱，就乘机攻取它；敌人实力大，就注意防备它；敌人兵锋锐，就暂时避开它；敌人来势汹汹，就设法屈弱之；敌人卑辞慎行，就设法使之骄傲；敌人安逸，就设法让它疲劳；敌人内部和睦，就离间之。

要出乎敌人意料地发动攻击，攻击敌人所不防备的地方。这些，是军事家取胜的奥妙，是不能预先传达布置的。

〔原文〕夫未战而庙算胜者，得算多也；未战而庙算不胜者，得算少也。多算胜，少算不胜，而况于无算乎！吾以此观之，胜负见矣。

〔评译〕本段总结全文。全文主要内容有二：一是估算实力，二是临敌时的权变。本段重在总结前者。古代出征前要告于祖庙，进行谋划，预测胜负，所以叫做庙算。计算用筹码，也称运筹或筹算。得算多少指所得算筹，引伸而为力量和条件的对比。

凡是未开战前在宗庙中就预计到能取胜的，是因为在计算敌我力量和条件时，我方得到的算筹多，处于优势；未开战前在宗庙中就预计不能取胜的，是因为我方得到的算筹少，处于劣势。多加筹算就能取胜，筹算不周就不能取胜，何况不作筹算就贸然开战呢！我们根据这些来观察，胜负就了如指掌了。

〔附记〕本篇在计算国力时，未将土地、人口、资源、物产、军赋等列入，不够周全。后面《形篇》谈到这些问题，可以参看。如将《形篇》中有关段落移入本篇，更能展示本篇的含义。

作　战　篇

本篇题名作战，然并非指实地战争，而是讲的筹措战争，作好战争准备，提供战争保障。作，始也，有创办和筹备等义。战争要消耗大量的人力、物力和财力，故从我方来说要速战速决，争取用最小的代价取得最大的战果；同时要取之于敌方，为我所用。这样就能够“胜敌而益强”。读本篇，必须掌握此旨。偏离此旨，全篇将不可解矣。

〔原文〕孙子曰：凡用兵之法，驰车千驷，革车千乘，带甲十万，千里馈粮，则内外之费，宾客之用，胶漆之材，车甲之奉，日费千金，然后十万之师举矣。

〔评译〕本段总括全文。用兵之法，说的是用兵时对所需军费的概算方法，而非战争法则。故文中皆用成数，以千、万计，好像一个计算公式。革车，或云战车，或云辎重车，当以后说为是。后文所说“丘牛大车”，即此革车也。

孙子说：用兵之费的成法是：如果动用战车千辆，辎重车千辆，甲卒十万，加以千里迢迢去运送军粮，那么前方后方的费用，款待使节食客的花销，作战器材的用度，车辆兵甲的维修开支，每天要耗资巨万（十万钱），然后十万大军才能够出动。

〔原文〕其用战也，胜久则钝兵挫锐，攻城则力屈，久暴师则国用不足。夫钝兵挫锐，屈力殚货，则诸侯乘其弊而起，虽有智者，不能善其后矣。

〔评译〕本段承上文而来，言出兵在外不能旷日持久，久将不堪负担，招来外患。文中"胜久"二字，不作胜利解；应如不胜枚举、不胜其烦、胜兵十万等作解，意为太久了，过于长久了。如作胜利解，则全文扞格不通。

这样出兵作战，日子久了，军队就会疲惫，锐气受挫，无力攻占城池，而军队长期在外也会导致国家财政发生困难。如果军队疲惫，锐气受锉，军力耗尽，财力枯竭，那么各国诸侯就会乘我之衰弊前来侵犯，这时即使有足智多谋的人，也不能挽回这种危局了。

〔原文〕故兵闻拙速，未睹巧之久也。夫兵久而国利者，未之有也。故不尽知用兵之害者，则不能尽知用兵之利也。

〔评译〕本段总结上文。拙对巧而言，均作反意用，非真拙真巧也。拙于用兵，何由取胜？巧于用兵，岂能延误时日？拙，不巧也，解为不追求工巧，亦可。

所以，在用兵上只听说过不求工巧而求速胜的，没见过只讲工巧而追求旷日持久的。战事久拖不决而对国家有利的情况，从来不曾有过。所以不完全晓得用兵有害的人，也不可能完全晓得用兵之利。

〔原文〕善用兵者，役不再籍，粮不三载，取用于国，因粮于敌，故军食可足也。

〔评译〕本段另起，通贯下文。本应并译，因文长，故分别译出。

善于用兵作战的人，不再次征集兵员，不多次运送粮草；武器装备从国内取得，粮草到敌方去夺取，这样，军队的粮草供应就可以充足了。

〔原文〕国之贫于师者：远师者远输，远输则百姓贫。近师者贵卖，贵卖则财竭，财竭则急于丘役。屈力中原，内虚于家，百姓之费，十去其七。公家之费，破车罢马，甲胄矢弩，戟楯矛橹，丘牛大车，十去其六。

〔评译〕本段承上文，从战争消耗角度专言用兵之害，即导致国家贫困。百姓，古指贵族，唯本文似包括平民。盖因中国古代存在着宗族系统，贵族与平民均在其中也。丘役，指按丘为单位征收赋役。据《周礼·小司徒》：九夫为井，四井为邑，四邑为丘，四丘为甸。是丘144家也。丘牛大车，义同此。

国家之所以因为用兵而贫困，是由于出师远征就要远道运输，远道运输使得百姓贫困。军队驻地附近物价就昂贵，物价昂贵就会使国家财力枯竭，国家因此就急于加征赋役。在战场上军力耗尽，国内百姓便家室空虚。百姓的资财将会耗掉十分之七；政府的财力，由于车辆的损坏，战马的疲毙，铠甲、箭弩、戟盾、矛橹的消耗补充以及征用丘牛大车，也会损失掉十分之六。

〔原文〕故智将务食于敌，食敌一钟，当吾二十钟；萁秆一石，当吾二十石。

〔评译〕本段承上文，专言因粮于敌之利。钟，量度单位，有时与石相当，惟石又作衡度单位。萁通萁，豆秸也。古代运输之法，费二十石而得一石。

所以聪明的将领，务求从敌方取得粮草供应，消耗敌方一钟粮食，相当于从本国运输二十钟；用掉敌方的一石草料，等于从本国运输二十石。

〔原文〕故杀敌者，怒也；取敌之利者，货也。故车战，得车十乘已上，赏其先得者，而更其旌旗，车杂而乘之，卒善而养之，是谓胜敌而益强。

〔评译〕本段承上文另起，专言如何从敌军获取武器装备和人员，补充壮大自己的队伍。这样，敌方的物力、人力和财力，就均可为我所用了。那时能提出这种思想，堪称绝璧。

要使将士英勇杀敌，就应激励士气；要使部队夺取敌方的军资，就得实行奖赏。所以在车战中，凡是缴获战车十辆以上的，就要奖赏最先夺得战车的人，并更换战车上的旗帜，将其混合编入自己的战车队列。对于战俘，要优待和使用他们，这就是所谓越是战胜敌人，就越是能壮大自己。

〔原文〕故兵贵胜，不贵久。

〔评译〕本段寥寥数字，统括全文精神。

因此，用兵作战，贵在速战速胜，而不在于持久不决。

〔原文〕故知兵之将，民之司命，国家安危之主也。

〔评译〕本段进一步拔高全文精神，从民众的命运，国家的安危，说明将帅的责任，突出将帅的地位。

所以，懂得用兵之利害的将帅，是民众命运的掌管人，国家安危的主宰。

谋 攻 篇

本篇讲谋划进攻敌人的策略和原则，重在“谋”而不在“攻”，强调的是以谋略取胜。所以，谋字也可作动词用，即以谋略攻取敌人，不战而使其降服。当然，这并不排除实地攻战，但攻战也要知己知彼，预为谋划，谋而后攻，攻战有法。读本篇，必须掌握这种精神，不能拘泥于攻战，只是为攻战而进行谋划。

〔原文〕孙子曰：凡用兵之法，全国为上，破国次之；全军为上，破军次之；全旅为上，破旅次之；全卒为上，破卒次之；全伍为上，破伍次之。是故百战百胜，非善之善者也；不战而屈人之兵，善之善者也。

〔评译〕本段开宗明义，提出用兵的指导思想和基本原则。国，古指都城。军、旅、卒、伍，均为军事编制单位。万二千五百人为军（或万人），五百人为旅，百人为卒，五人为伍。

孙子说：用兵的一般指导原则是：以迫使敌人举国屈服为上策，攻破敌国在其次；以使敌人整军降服为上策，击垮敌军在其次；以使敌军全旅投降为上策，击溃敌旅在其次；以使敌军全卒投降为上策，打垮敌卒在其次；以使敌军全伍投降为上策，消灭敌伍在其次。因此，百战百胜，还说不上是完善中最完善的；不战而迫使敌人屈服，才真正算是完满而又完满的。

〔原文〕故上兵伐谋，其次伐交，其次伐兵，其下攻城。

攻城之法，为不得已。修橹轒辒，具器械，三月而后成；距闉，又三月而后已。

将不胜其忿而蚁附之，杀士三分之一，而城不拔者，此攻城之灾也。

〔评译〕本段承上文，析言谋攻，而以攻城为下策。橹，大盾。轒辒，攻城用的四轮大车。器械，登城用的什物。闉通堙，人工土山也。

所以，用兵的上策是打破敌人的战争谋略与布署，其次是挫败敌人的外交活动，再次是打败敌人的军队，最下策就是攻打敌人的城池了。

攻城是迫不得已的办法。制造攻城用的大盾和四轮车，准备攻城用的器械，三个月才能完成；构筑攻城的土山，又要三个月才能竣工。

将帅按捺不住自己愤怒的情绪，挥令士卒像蚂蚁一样爬梯登城，以致士卒伤亡了三分之一而城池仍然攻不下来，这就是攻城带来的灾难。

〔原文〕故善用兵者，屈人之兵而非战也，拔人之城而非攻也，毁人之国而非久也，必以全争于天下，故兵不顿而利可全，此谋攻之法也。

〔评译〕本段总结上文，与首段相呼应。因此，文中“全”字均与首段中全字同义。

所以，善于用兵的人，制服敌军不靠拼打，克服敌城不靠强攻，摧毁敌国不靠久战。必须用全胜的谋略争得天下。所以军队不致疲惫受挫，就能大获全胜。这就是以谋略攻敌的基本原则。

〔原文〕故用兵之法，十则围之，五则攻之，倍则战之，敌则能分之，少则能守之，不若则能避之。

故小敌之坚，大敌之擒也。

〔评译〕本段承上文另起，主要讲在战场上要根据敌我之强弱而变换攻守之策。这是一个战略方针的实施问题。如果在战场上不能适应形势而变换对策，再高明的战略方针，也是会落空的。所以，本身力量弱小，在强敌面前是不可能坚守的，更不要说进攻了。

所以，用兵作战的法则是：有十倍于敌的兵力就围困敌人，有五倍于敌的兵力就进攻敌人，有加倍于敌的兵力就全力战胜敌人，敌我力量相当就设法分散敌人兵力，兵力少于敌人就坚壁固守，实力不如敌人就避而不战。

所以，弱小之军不管如何坚强顽抗，总会成为强大敌人的俘虏的。

〔原文〕夫将者，国之辅也。辅周则国必强，辅隙则国必弱。

〔评译〕此段另起，讲将帅和国家的关系，实际上是说将帅和君主的关系。辅，车之辅木，借为辅佐。古人把国家比喻为君主的车子，所以，国家之强弱，要看将帅对君主的辅佐如何。

将帅是君主治国安邦的辅佐。辅佐密切周全，国家就一定强盛；辅佐疏漏不周，国家必然衰弱。

〔原文〕故君之所以患于军者三：不知军之不可以进

而谓之进，不知军之不可以退而谓之退，是谓縻军；不知三军之事，而同三军之政，则军士惑矣；不知三军之权，而同三军之任，则军士疑矣。三军既惑且疑，则诸侯之难至矣。是谓乱军引胜。

〔评译〕本段发挥上文。古代君主要统兵作战，而以将帅为辅佐。这里讲的实际上是君主与将士之间互不协调的问题，因君主居高临下，故从君主说起，谈君主之责。

国君能够危害军事行动的有三种情况：不了解军队不可以前进而强令之前进，不了解军队不可以后退而强令之后退，这叫做系绊军队。不了解三军事务而统三军之政令，将士就会发生迷惑；不了解三军之权谋而领三军之重任，将士就会产生疑虑。三军迷惑而又疑虑，各国诸侯就要乘机发难来进犯了。这叫做迷乱之军，自取败亡。

〔原文〕故知胜有五：知可以战与不可以战者胜，识众寡之用者胜，上下同欲者胜，以虞待不虞者胜，将能而君不御者胜。此五者，知胜之道也。

〔评译〕此段接上文另起，总言预知胜负的方法。文中着重从正面谈何以得胜，反过来说就要失败了。所以，知胜有五，知败亦有五，胜负都是可预知的。

能够预知胜利的情况有五种：知道可以打或不可以打的，能够取胜；知道兵力多少如何调用的，能够取胜；官兵上下同心协力的，能够取胜；以有备对付无备的，能够取胜；将帅有指挥才能而君主不加牵制的，能够取胜。这五项，就是预知胜负的方法。

〔原文〕故曰：知彼知己，百战不殆；不知彼而知己，一胜一负；不知彼不知己，每战必殆。

〔评译〕本段总结全文，提出“知彼知己，百战不殆”这一千古兵家名言。所谓知彼知己，主要指敌我双方的虚实长短情伪，尤重知彼。这是谋攻的基点，战争胜负的张本。当将帅之任者，应以此为座右铭。

所以说，既洞悉敌方，又实知我方，百战都不会陷入危局；不了解敌方，能认识自己，则有胜有负，胜负参半；既不了解敌方，又不了解我方，那就每战都有失败的危险。

形　篇

本篇旨在根据实力对比而为攻守形势。实与形相为表里。无实当然不能成其形，但同样的实却可以有不同之形。本篇立足于实，而强调的则是形。所谓“形”，主要指军事布署、指挥调度、战术变化等等，而目的则是最有效地发挥军事实力，作到能守能攻，立于不败之地。篇名曰“形”，良有以也。

〔原文〕孙子曰：昔之善战者，先为不可胜，以待敌之可胜。不可胜在己，可胜在敌。故善战者，能为不可胜，不能使敌必可胜。故曰：胜可知，而不可为。

不可胜者，守也；可胜者，攻也。守则有余，攻则不足。善守者，藏于九地之下；善攻者，动于九天之上，故能自保而全胜也。

〔评译〕本段引古论今，据实力而谈攻守，攻不可必胜，而守则必不败，立足于守而后伺机进攻。这样就可以保全自己，消灭敌人；消灭不了敌人，也能保全自己。末句画龙点睛，托出攻守应有之形。文中“守则有余，攻则不足”，亦可作“守则不足，攻则有余”，只要把攻守双方的实力换个位置就行了。

孙子说：从前擅长用兵的人，先要做到不会被敌人战胜，然后再伺机去战胜敌人。不被敌人战胜取决于己，能不能战胜敌人还要看对方是否有隙可乘。所以高明的用兵者，只能做到自己不可战胜，而做不到敌人一定会被战胜。所以说，胜利可以预见，但不可强求于敌。

要不被敌人战胜，就要加强防御；要战胜敌人，就得发动攻势。敌人兵力多，就采取守势；敌人兵力少，就采取攻势。善于防守的人，隐蔽自己的兵力如在九地之下；善于进攻的人，施展自己的兵力如从九天而降。这样，既能保全自己，又可取得完全的胜利。

〔原文〕见胜不过众人之所知，非善之善者也；战胜而天下曰善，非善之善者也。故举秋毫不为多力，见日月不为明目，闻雷霆不为聪耳。

〔评译〕本段连接上下文，为前后转折语，单独不成义。文中所说“胜”，均指从敌方取得胜利。

预见胜利超不出一般人的见识，算不得是高明中之最高明的。激战胜敌后，普天下人都说好，算不得是完满中之最完满的。这就好比能举起一根秋毫称不上力大，能看到日月算不得眼明，能听到雷霆声谈不到耳聪一样。

〔原文〕古之所谓善战者，胜于易胜者也。故善战者之胜也，无奇胜，无智名，无勇功。故其战胜不忒；不忒者，其所措必胜，胜已败者也。故善战者，立于不败之地，而不失敌之败也。是故，胜兵先胜而后求战，败兵先战而后求胜。

〔评译〕本段承上文另起，说明战争的胜负取决于战前准备和应战措施。谁准备充分，措施得当，谁就可能取胜；反之就要失败。所以，一方的胜利往往是由另一方造成的。要取得胜利，自己就必须立于不败之地，而不放过敌人招致失败的时机。即：上下不和，孤立无援，军制无章，战备松弛，临战失措等的时间和战机。因此，常备不懈，抓准战机，才能获取全胜。全胜者，自己不被敌人战胜而又能战胜敌人也。

古时候所说的善于作战的人，都是由于敌人容易被战胜而取得胜利的。因此，他们的胜利并不出奇，不以智谋著称，也没有赫赫战功。他们之所以能取胜，是因为没出差错。所谓没有差错，只不过是他们有必胜的措施，去战胜处于失败地位的敌人而已。所以善于指导战争的人，总要使自己处于不败的地位，而不放过处于失败地位的敌人。因此，常打胜仗的军队是先握胜券而后同敌人交战的，失败了的军队是先贸然与敌人交战而企图侥幸得胜的。

〔原文〕善用兵者，修道而保法，故能为胜败正。法：一曰度，二曰量，三曰数，四曰称，五曰胜。地生度，度生量，量生数，数生称，称生胜。故胜兵若以镒称铢，败兵若以铢称镒。称胜者之战民也，若决积水于千仞之谿者，形也。

〔评译〕本段开头数句，既总结上文，又总括下文。归入上段，义嫌不足。归入本段，于义为长。胜败正，义为胜败的主人，能掌握胜负的决定权。胜败的关键在于实力的大小强弱，故接着讲如何计算实力和实力对比。这是古代通用的方法，唯早已作古，为后人所难识耳。我们只有晓得这种方法，才会懂得古人所说的实力是实实在在的东西。如“一曰度”，就是计算出有多少土地，可以容纳多少劳力；“二曰量”，指物产和财力；“三曰数”指兵源和军赋；称就是实力对比了。经过计算和对比，实力强大的一方必然战胜实力弱小的一方。发挥强大实力的优势，如排山倒海一般压向敌人，这就是“形”。

善于指导战争的人，必然要修明政治，确保法制，所以能够掌握胜败的决定权。法制可分五点：一是度田，计算国土面积；二是物产和财力之量的大小；三是军赋和兵力之数的多少；四是称量敌我双方实力之轻重；五是胜利归于哪一方。从国土幅员大小可以度量出土地面积的井数来（古度田用井地之法），从土地面积的井数可以计量出人口与物产来，从人口与物产可以计算出军赋与兵力之多少来，从军赋与兵力之多寡可以称量出实力的强弱优劣来，而胜负是不同的军事实力较量的结果。所以，胜利的军队较之于失败的军队就像以镒称铢那样处于绝对优势，失败的军队较之于胜利的军队就像用铢称镒那样处于绝对劣势。军事实力强大的胜利者，其部队出动作战，就像决开万丈高山上的谿涧积水一样倾泻而来，这就是军事实力所展现的“形”。

〔附记〕本篇或以为讲军事实力对比，或以为讲作战态势，皆不甚妥。实际上，本篇的要害在于如何使用兵力，进行攻守处置，是讲实力的表现形态。实力再强，如不发挥出来，也谈不上胜利。实力弱小，如能善于处置，也不一定失败。例如，文中所说“藏于九地之下”，敌人根本发现不了，怎么会被敌人打败呢？深藏不露，也是一种“形”，只不过是无形之形罢了。实力是不容易改变的，而实力之形则是随情况而变化的，这就是作战指挥中的艺术。

势　篇

本篇名“势”。势，有状态、权位、势力、气焰等义。用于军事，则有阵势、形势、攻势、态势等等。这里所说的势，主要指在战场上通过奇正变化造成的进攻敌人的凶猛快捷的态势。重点在：以奇用兵，突击敌人，即所谓“出奇制胜”也。所以，我们不能对奇正作固定的解释，说死了，也就不成其为奇正了。读本篇，我们应把握这种精神。

〔原文〕孙子曰：凡治众如治寡，分数是也；斗众如斗寡，形名是也。三军之众，可使毕受敌而无败者，奇正是也；兵之所加，如以碫投卵者，虚实是也。

〔评译〕本段一言治军，二言指挥，三言奇正，四言虚实。分数，指部队的组织编制。形名，以旌旗金鼓为号令，指挥作战。毕受敌，义为四面受敌；四面受敌而不败，靠的是奇正变化。虚实，这里说的是兵力布署和配备以及防守状况。四面受敌时，就集中力量攻击敌人兵力薄弱和防守松懈的地方。如是，这四层文义就贯通了。其义是：只有组织良好、号令严明的部队，在四面受敌时能沉着镇静，集中兵力攻击敌人无备或备而不严的地方，出奇制胜，转危为安。

孙子说：统帅好大部队如同带领小部队一样，是因为有良好的组织编制；指挥大部队作战如同指挥小部队一样，是因为有严明的号令。能够使三军之众在四面受敌时不致于失败，是由于奇正变化得法，以实击虚，其兵锋所加，如以石击卵一样，所向披靡，瓦解敌人。

〔原文〕凡战者，以正合，以奇胜。故善出奇者，无穷如天地，不竭如江河。终而复始，日月是也；死而复生，四时是也。声不过五，五声之变不可胜听也；色不过五，五色之变不可胜观也；味不过五，五味之变不可胜尝也。战势不过奇正，奇正之变不可胜穷也。奇正相生，如环之无端，孰能穷之？

〔评译〕本段接上文，专论奇正之变，故以奇正始，以奇正终。开头“以正合”，义为正面对阵或交战，不能只解释成以主力当敌。否则，全文义不可通。因为，这样总是以主力迎战，以偏师扰乱或迂回打击敌人，就无所谓奇正之变化了。用这种刻板一律的战势对敌，可谓以不变应万变，让敌人吃准了，岂有致胜之理？事实上，完全有这样的情况，用小部队与敌作正面周旋，而以主力迂回包抄敌人；或以轻兵从正面诱敌，而以重兵设伏。如此等等，奇正相生，变化无穷，在战场上总是处于主动地位，出奇制胜。

一般说来，战争总是双方正面对阵，以奇取胜。所以善于出奇制胜的将帅，其奇正的变化就像天地那样无穷无尽，像江河那样永不枯竭。终而复始，如同日月之运行；逝而又来，如同四时之更迭。声乐不过宫、商、角、徵、羽五个音阶，五音的变化则听不胜听；颜色不过红、黄、青、白、黑五种色素，五色的变化则看不胜看；滋味不过咸、甜、酸、辣、苦五种味道，五味的变化则尝不胜尝。作战的态势不过奇正，奇正的变化是不可穷尽的。奇正相互转化，交互而生，就像无始无终的链环一样，有谁能穷尽它呢？

〔原文〕激水之疾，至于漂石者，势也；鸷鸟之击，至于毁折者，节也。是故善战者，其势险，其节短。势如彍弩，节如发机。

〔评译〕本段承上文，谈由奇正相生而形成的攻击态势。毁折，即折毁，义为捕杀。节，原指竹子段落间的束腰处，转义为节制、节约、节操、节拍、节奏、节度、关节等等，此处义为急促快捷。发机，机弩上之机牙，犹现代火枪上之扳机也。

湍急的流水奔泻而下，以致能漂动石块，这是由于速快的水势。雄鹰飞快的搏击，以致能捕杀鸟雀，这是由于峻急凶猛的节势。所以善于指挥作战的人，他所造成的进攻态势是险峻的，出击的节奏是急促的。险峻的态势就像张满的弓弩，急促的节奏就像扳动弩机。（一触即发，势不可挡。）

〔原文〕纷纷纭纭，斗乱而不可乱也；浑浑沌沌，形圆而不可败也。乱生于治，怯生于勇，弱生于强。治乱，数也；勇怯，势也；强弱，形也。

〔评译〕本段承前文，专言在战场上进行战斗的问题。纷纭，指战场上人员车马穿梭来往之状。斗乱，敌我双方交互厮杀在一起。浑沌，指黑夜雾天等，无法进行号令。形圆，阵形周全，相互衔接，互相呼应。以下谈治乱、勇怯、强弱之相生，皆就敌我在战场上实地较量言之。义为一方治则另一方乱，一方勇则另一方怯，一方强则另一方弱。后者是与前者相较而产生的。以往释此文，说是示敌以乱、以怯、以弱，均不确。那样，所谓乱、怯、弱就全是假装出来的了。这纯属人为，怎么会是从真的产生出来的呢？且如此解释，于下文亦不可通。辟如说，假乱真治，是部队的组织编制问题，行吗？我们要吃透原文，不能拘泥于古人的解释。

在人马纷纭的战场上，敌我交互厮杀，阵线混乱，本军的部伍组织切不可乱；在浑沌迷蒙的环境中作战，要阵形周全，连环衔接，互相呼应，才不致于失败。战场上，一方队伍的溃乱产生于对方部伍的严整，一方的怯懦产生于对方的勇猛，一方的弱小产生于对方的强大。军队的治与乱，是组织编制问题；勇与怯，是作战态势问题（如主动进攻与被动防守）；强与弱，是实力大小和兵力配备布署问题。

〔原文〕故善动敌者，形之，敌必从之；予之，敌必取之。以此动之，以卒待之。

〔评译〕本段专言如何调动敌人，以重兵击之。这也是一种作战态势，只不过是人为地制造出来的作战态势罢了。形之，指以各种假象蒙蔽敌人。予之，指以各种方式引诱敌人。形之而敌必从，予之而敌必取，其难度是很大的。只有做到这一点，才称得是善动人者，而我之作战态势才有意义。

善于调动敌人的将帅，制造假象蒙骗敌人，敌人必然上当；故意引诱敌人，敌人必然上钩入网。这样来调动敌人，而后伺机用布置好的重兵掩击之。（其胜必矣）

〔原文〕故善战者，求之于势，不责于人，故能择人而任势。任势者，其战人也，如转木石；木石之性：安则静，危则动，方则止，圆则行。故善战人之势，如转圆石于千仞之山者，势也。

〔评译〕本段总结全文，把运用奇正变化的目标集中为创造有利的作战态势，而不是变换花样和魔术，摆花架子，玩花把式，可谓切中要害。这样，怎么有利于创造最佳的作战态势，就怎么运用奇正变化，不拘一格，不守成式，根据战场上的形势相机行事。战场上的形势变化无常，奇正的变化也要相应地变化无常，随时随地都可作到出生入死，无往而不胜。创造有利的作战态势，就是以奇取胜，也可以说是以智取胜，而不是靠死打硬拼来取胜。所以，高明的指挥员“能择人而任势”。择通摘，除掉不用也。非不用也，因不得其所用也。有钢要用在刀刃上，用在刀背上是白白的浪费。当然，择人也可释为选择精卒，就像把最好的钢用在刀刃上一样。任势，即依据有利的作战态势发动攻势。这样就可使怯者勇，懦者斗，赴汤蹈火，前仆后继，一往无前，冲锋陷阵，夺取胜利。

所以善于指导战争的将帅，总是设法创造有利的战势，而不苛求于部属，因此他能不考虑人数多少去利用并创造有利的战势。善于利用战势的将帅，其指挥对敌作战，就像滚动木头石头一般。木、石的特性是：放在平坦的地方就静止，放在陡峻的地方就滚动；方形的容易停顿，圆形的滚动不息。所以善于指挥对敌作战者的战势，其威力就像转动圆石从万丈高山上滚下来一样。这就是战争中所说的势。

〔附记〕本篇是全书的精华。战场上的胜败，在于削弱以至消灭敌人，保存并壮大自己。要保存并壮大自己，就必须削弱以至消灭敌人；不削弱以至消灭敌人，就不能保存并壮大自己。二者互为依存，相互制约，相互转化，相反相成。所谓奇正，就是从这里提出来的，也是为此而提出来的。因此，战争总要立足于正，取胜于奇。这里所说的正，即严密的组织编制、良好的训练和军事素质、严明的号令、良好的装备、有力的保障等等。所谓奇，则是根据各种作战条件和敌我情况对这种“正”的运用和发挥，争取以最小的牺牲和代价取得最大的战果。这样，平时之正到战时就变成了奇。至于在战场上，则更是正反为奇，奇反为正；正中有奇，奇中有正；皆奇皆正，无奇无正。要在掌握主动，随机应变，夺取全胜。我们一定要领会其中精神，加强战备，制止战争，争取和平。

虚实篇

本篇名“虚实”，要在避实击虚，以实击虚。不过，本篇所说的虚实是广义的。如诱敌深入、以逸待劳、引敌远去、分散敌人，均属于虚实。所以本文的关键不仅在于利用虚实，更重要的则是制造虚实，使敌人由实转为虚，而我则由虚转为实或真实而假虚。这样，就可致人而不致于人。致人者，致人于虚弱而击之也；不致于人者，不被敌人拖向虚弱而受击也。因此，调动敌人，破敌之实；匿我之实，以实击虚，才是本文的精义。避实击虚，也应解为击其虚而动其实，其实可不攻而自破。如只从消极处理解避实击虚，根本不动敌之实，破敌就没有指望了。其实，虚实都不是绝对的，实中有虚，虚中有实。避实击虚，不过是避开实中之虚而击虚中之实罢了。虚实是相对的，可变的，能动的。读此文，应把握这种精神。

〔原文〕孙子曰：凡先处战地而待敌者佚，后处战地而趋战者劳。故善战者，致人而不致于人。

〔评译〕本段开门见山，从广义上提出虚实问题。佚，安逸，本处义为从容不迫，轻松有力，胜任愉快。这是由于先据战地，人马得以休整，因而蓄积了实力的表现。后进入战地者则反是。致人，调动敌人，使之饥饿困乏，因而攻之。反之亦然。

孙子说，凡是先进据战地而蓄力等待敌人的就安闲从容，后进入战地而仓忙应战的就疲窘无力。所以善于指挥作战的人，总要设法调动敌人而不为敌人所调动。

〔原文〕能使敌人自至者，利之也；能使敌人不得至者，害之也。故敌佚能劳之、饱能饥之、安能动之者，出其所必趋也。

行千里而不劳者，行于无人之地也；攻而必取者，攻其所不守也；守而必固者，守其所必攻也。

〔评译〕本段承上文而发。先言“致人”之法，后言“不致于人”。文意甚明，无须解释。唯后半段亦可连下文读。

能使敌人自行到达我预定地域的，是以利诱之的结果；能使敌人不得到达其预定地域的，是设置障碍阻挠其行动的结果。所以敌人休整得好能使之疲劳，敌人粮食充裕能使之饥饿，敌人驻扎安稳能使之转移，之所以如此，是由于出击了敌人必然来战的地方。

行军千里而不至于劳顿，因为走的是没有敌人阻挠的路线；进攻而必然会得手，因为攻的是敌人没有设防的地区；防守能牢不可破，因为守的是敌人必来进犯的地方。

〔原文〕故善攻者，敌不知其所守；善守者，敌不知其所攻。微乎微乎，至于无形；神乎神乎，至于无声，故能为敌之司命。

进而不可御者，冲其虚也；退而不可追者，速而不可及也。

故我欲战，敌虽高垒深沟，不得不与我战者，攻其所必救也；我不欲战，画地而守之，敌不得与我战者，乖其所之也。

〔评译〕本段可上接下联，既总结前文，又开启后文。首言隐迹匿形，作到无形无声，防守时不露形迹，进攻时不露风声。次言进退攻守的虚实之理，我攻敌必得手，敌攻我必落空。画地而守，义为不设壁垒，没有防线。

所以善于进攻的，敌人就不知该怎么防守；善于防守的，敌人则不知该怎么进攻。微妙啊，微妙到没有形迹；神奇啊，神奇到没有声息，因此能成为敌人命运的主宰。

前进时势不可挡，是因为突击敌军防线的空档（结合部）；后撤时势不可追，是因为速度快到让敌人赶不上。

所以我军要打，敌人即使深沟高垒，也不得不出来同我作战，这是因为我打在敌人势在必救的地方；我军不想打，即便画地而守，敌人也无法来同我作战，这是因为我转移了敌人进攻的方向。

〔原文〕故形人而我无形，则我专而敌分；我专为一，敌分为十，是以十攻其一也。则我寡而敌众，能以众击寡者，则吾之所与战者约矣。

〔评译〕本段承上文另起，专言集中与分散兵力问题。前句意义甚明，无须诠释。后句传世本作“则我众而敌寡，能以众击寡者，则吾之所与战者约矣”。临沂银雀山出土汉简本作“我寡而敌众，能以寡敌众者”，则吾之所与战者约矣。准之后文，二者均不确。如本来就是我众敌寡，就谈不上“吾所与战者约矣”；始终是我寡敌众，也谈不上“吾所与战者约矣”。作如上改，兼采二者之长，文义就成了本来是我寡敌众，而能以众击寡者，是因为直接同我较量的敌军只是它的一小部分。这样，不仅前后文可通，于情于理亦无不顺。盖因传世本用“能以寡击众”改成本来就是“我众敌寡”，汉简本将“能以寡击众”改成本来就是“我寡敌众”，其间没有一个众寡的转化问题。窥诸全书，此传抄之误，非孙子本义也。孙子书中充满了辩证法的精神，这那里有一点辩证法的味道呢？

所以善于统兵作战的人，总是想方设法让敌人充分暴露而自己则深藏不露，这样我军的兵力就可以集中而敌人的兵力就不得不分散。我军集中在一处，敌军分散在十处，就能用十倍于敌的兵力攻其一部了。这样，即使我寡敌众，我也能以众击寡，因为正面向我军作战的敌人是很有限的。

〔原文〕吾所与战之地不可知，不可知，则敌所备者多，敌所备者多，则吾所与战者寡矣。

故备前则后寡，备后则前寡；备左则右寡，备右则左寡；无所不备，则无所不寡。

寡者，备人者也；众者，使人备己者也。

〔评译〕本段重申上段文义，惟角度不同，专言不让敌人知道我军攻它的什么部位。这样，敌人就会四面防备，甚至处处防备，而我无论从何处进攻，或专攻其薄弱部位，都会是以少击众。

我军所要与敌作战的场合敌人不得而知，不得而知，那么敌人所要防备的地方就多了。敌人要防备的地方多，那么我军所要攻击的敌军就少了。

所以，防备了前面，后面的兵力就单薄；防备了后面，前面的兵力就单薄；防备了左翼，右翼的兵力就薄弱；防备了右翼，左翼的兵力就薄弱；处处都防备，就处处都薄弱。

我兵力不足，是因为被迫分兵防御；我兵力充裕，在于迫使敌人分兵防御。

〔原文〕故知战之地，知战之日，则可千里而战；不知战地，不知战日，则左不能救右，右不能救左，前不能救后，后不能救前，而况远者数十里，近者数里乎！

以吾度之，越人之兵虽多，亦奚益于胜哉？

故曰：胜可为也。敌虽众，可使无斗。

〔评译〕本段承上文，侧重讲我方在战前对战地和时间都要心中有数；盲目进入战场，就会陷于被动，处处无力招架。下举越人为例，是因为越在楚国拉拢支持下，发展武力，坚持与吴为敌，构成对吴国的威胁。此言越不足忧，但未经实战，故未作评谈。末句概括以上全部论述，可使无斗，并不是说根本就不进行战斗，而是迫使其不得与我斗或丧失战斗力。

所以，能预知交战的地点，预知交战的时间，即使远行千里，也可同敌人交战。事先不知在什么地方打，在什么时间打，远行千里而与敌人交战，那就左翼救不了右翼，右翼救不了左翼，前面救不了后面，后面救不了前面；何况距离远者只有数十里，近者只有数里呢？

依我所料，越国的兵力虽多，对争取战争的胜利又有什么补益呢？

所以说，胜利在于人为。敌军虽多，可以迫使它无法同我进行较量。

〔原文〕故策之而知得失之计，作之而知动静之理，形之而知死生之地，角之而知有余不足之处。

故形兵之极，至于无形；无形，则深间不能窥，智者不能谋。

〔评译〕本段承上文，分言如何了解敌情和隐蔽我情，重在前者。策之，义即首篇所说庙算。知得失之计，应为知其得失之计，即知道敌人计筹之得失也。以下各句文例同此。作之，起动、发动、挑动，比调动敌人义狭。形之，即现敌之阵形。角之，义为武力试探，打一下，犹今之火力侦察也。深间，指潜伏的间谍。不能窥，一点也看不出来。谋，此处有算计义，敌人再高明也无法设机关算计我也。这不仅是伪装隐蔽的问题，而是行迹和意图让谁也看不清，摸不着，吃不准，故曰“无形”。

所以，筹算一下，就可知道敌人计筹之得失；挑动敌军，就可了解敌人活动的规律；现敌阵形，就能知道敌人之死地和生地所在；角斗一下，就可知敌人兵力分布的有余不足之处。(这样，敌情就全在我掌中了)

所以，制造假象到了绝顶，可以没有真象；没有真象，就连潜伏的间谍也无法窃得情报，再高明的敌人也无法巧设机关了。

〔原文〕因形而措胜于众，众不能知；人皆知我所胜之形，而莫知吾所以制胜之形。故其战胜不复，而应形于无穷。

〔评译〕本段总结上文，着重讲因敌制胜。因形而措胜于众，文义不明。这里所说的“众”，似泛指广大士卒。如然，措胜于众就不能解为把胜利摆在众人面前，而是根据敌情确立我军取胜之形。这样，前后文义就顺了.

根据敌军情况来确定我军应采取的作战势态，广大士卒是不知道的；他们都知道我军之所以胜敌的作战势态，但不知为什么要采取这种作战势态。因敌制胜，所以制胜之法不会重复，而是适应不同的情况，变化无穷。

〔原文〕夫兵形象水，水之行，避高而趋下；兵之形，避实而击虚。水因地而制形，兵因敌而制胜。故兵无成势，无恒形。能因敌变化而取胜者，谓之神。故五行无常胜，四时无常位；日有短长，月有死生。

〔评译〕本段总结提高，指出因敌制胜的规律，即避实而击虚。虚实情况随时随地而异，同时同地亦有不同，可谓千变万化，所以避实击虚的方法就变化无穷。不变的只有避实击虚之理，不管怎么变化，都离不开此理，所以不管什么情况，都能克敌制胜。但此理又在千变万化的形势之中，随情而动，故形无穷而理亦无穷。把握此理，熟练运用，就可用兵如神。

用兵之法就像流水一样，水的流势，是绕过高处向低处流；战争的势态，是避开敌人兵力密集守御之处而击其兵少备懈的部位。水因地势高低而成就其流动的形态，作战则根据敌情变化来确定相应的取胜措施。所以，作战没有一成不变的势态，没有恒久不改的模式。能因敌情而变化其制胜之法者，就叫做用兵如神。这就像五行相生相克中没有一个能保持常胜，四季更替中没有一个能固定不移，白天短长不同，月亮有晦望圆缺一样。

军争篇

本篇旨意甚明，无须多释。军争，即军事斗争，其义为在军事斗争中取得胜利，打胜仗而不打败仗，或多打胜仗少打败仗。不过，本篇的重点在如何才能打胜仗而不打败仗，即用什么手段和方法争取胜利，才能得到胜利，保证得到胜利。这不仅关系到战场上的胜败，而且是有关国家安危存亡的大问题。在古人看来，战争的根本目的就是要取人之国而有之，包括土地、城邑、子女玉帛和全部资产。所以，战争的目的就是争利，争人之利，与人争利。但我与人争利，人必与我争利，鹿死谁手，就看战场上的较量了。读本篇，我们一定要站在这种高度，才能得其旨意。

〔原文〕孙子曰：凡用兵之法，将受命于君，合军聚众，交和而舍，莫难于军争。

军争之难者，以迂为直，以患为利。故迂其途而诱之以利，后人发，先人至，此知迂直之计者也。

〔评译〕本段从战争动员、集合军队到开赴战场，直捷快当地提出军争问题。军事行动跃然纸上，让人有亲临其境之感。不过，这里所说的军争是指取得先机之利，即：先敌而至，一到战场就处于主动地位，取得先发制人的战机。以迂为直，指行军路线的迂直。以患为利，指克服行军途中的困难，包括敌人的阻挠。迂其途而诱之以利，义即利诱敌人，调动敌人走弯路。

孙子说：按一般的用兵原则，主帅接到国君的委任，就征集民众，组成军队，开赴前线与敌人对阵，在这个过程中没有比争取先机之利更困难的了。

争取先机之利的难处在于，把走迂回的道路变为走直路，把有害变为有利。这就要用伪装佯动骗取敌人去走弯路，以利诱敌而摆脱其阻挠，结果就能够后敌出发而先到达交战要地，这就算是懂得运用迂直的计谋了。

〔原文〕故军争为利，军争为危。举军而争利则不及，委军而争利则辎重捐。是故卷甲而趋，日夜不处，倍道兼行，百里而争利，则擒三将军；劲者先，罢（疲）者后，其法十一而至。五十里而争利，则蹶上将军，其法半至。三十里而争利，则三分之二至。是故军无辎重则亡，无粮食则亡，无委积则亡。

〔评译〕本段承上文，谈两军争利的问题，着重军争之害。举军，义为带着全部军需装备去争利。委军义相反，抛掉军需物资。卷甲，即收起甲杖。擒三将军，义为被俘。文例与下蹶上将军同。蹶：摔倒，栽筋斗。古代军队编制大国一般为上、中、下三军。三将军，指三军将领；上将军，指上军将领。委积，义为军需储备，用以补充战争消耗。

所以军争既是有利的，也是危险的。如果全军带着全部军需装备去争利，就不能如期到达交战要地；如果放下军需装备去争利，辎重就会遭到损失。因此，卷甲急进，日夜不休，倍道兼行，跑上百里去争利，三军将领都可能被俘；士卒强壮的先到，疲弱的掉队，结果只能到达十分之一。赶上五十里去争利，上军将领可能折损，士卒只有半数能赶到。赶上三十里去争利，只有三分之二的士卒能赶到。再说，军队没有辎重就不能生存，没有粮食

就不能生存，没有物资供应就不能生存。(可见，军争也有失败的危险)

〔原文〕故不知诸侯之谋者，不能豫交；不知山林、险阻、沮泽之形者，不能行军；不用乡导者，不能得地利。

故兵以诈立，以利动，以分合为变者也。故其疾如风，其徐如林；侵掠如火，不动如山；难知如阴，动如雷震。掠乡分众，廓地分利，悬权而动。

先知迂直之道者胜，此军争之法也。

〔评译〕本段承上文，总言按迂直之理，权衡利弊得失，进行一切军事活动，是军争的基本原则。首言客观条件。豫交即预交，古预与豫通用。沮泽，水草丛生的沼泽。次言作战行动。以诈立，即以奇用兵，"兵者，诡道也"。其徐如林，队伍缓行时像森林。侵掠如火，言攻敌阵或敌营。难知如阴，言荫蔽之深。掠乡分众，义为分兵掳掠乡邑。廓土分利，义为开拓领土后分兵守之。末言迂直之道。道，传世本作"计"，此据汉简本改。因此句总上文而言，故以作道为佳。如仍如前文作计，则其所指就是一次具体的军事行动，同上文就不合拍了。

所以不了解各国诸侯的战略企图，不能预先进行交结；不先熟悉山林、险阻、水网、沼泽等各种地形，不能行军；不雇用向导的，不能得到地利。

用兵要以诡诈取胜，根据利害采取行动，按分散和集中兵力的方法变换战术。所以行动快时如疾风，慢时像森林；进犯敌营如烈火，坚守壁垒如山岳；荫蔽时深不可测，发动攻击则如雷霆。掳掠乡邑，要分兵活动；开拓疆土，要扼守有利地形；权衡利害得失，然后相机行动。

要之，事先懂得迂直之理的就能夺得胜利，这就是军争的原则。

〔原文〕《军政》曰："言不相闻，故为金鼓；视不相见，故为旌旗。"故夜战多金鼓，昼战多旌旗。夫金鼓旌旗者，所以一民之耳目也；民既专一，则勇者不得独进，怯者不得独退。此用众之法也。

〔评译〕本段另起，专言号令严明，行动一致，是指挥部队作战的基本方法。《军政》，是那时的一本兵书，已佚。

《军政》中说："作战时用语言指挥听不见，所以要设置金鼓；用动作指挥看不见，所以要设置旌旗。"因此，夜战多用金鼓，昼战多用旌旗。所以要用金鼓旌旗，是以此统一全军的行动的；全军视听集中，行动统一，那么，勇敢的士卒就不能任意单独前进，怯懦的士卒就不敢单独后退了。这就是指挥大部队作战的方法。

〔原文〕故三军可夺气，将军可夺心。

是故朝气锐，昼气惰，暮气归。故善用兵者，避其锐气，击其惰归，此治气者也。以治待乱，以静待哗，此治心者也。以近待远，以佚待劳，以饱待饥，此治力者也。无邀正正之旗，勿击堂堂之陈，此治变者也。

〔评译〕本段与上文对应，专讲如何对敌。所言乃军威、军心、实力、士气，故以"夺心"、"夺气"总之。夺气，乘敌士气衰竭时猛击之。夺心，动摇敌帅之决心，令其军心动摇，在敌军忙乱时击之。反之，对军容严整、军威雄壮之敌，则不可截击；应避其锋，待其露出破绽时再击之。

对于敌人的军队，可以使其丧失士气；对于敌人的将领，可以使其丧失心计。

军队投入战场时士气旺盛，过一段时间就逐渐懈怠，最后士气就衰竭了。所以善于用兵的人，要避开敌人的锐气，待到敌人懈怠士气衰竭时攻击之，这就是把握士气的方法。用我军之严整对付敌军之混乱，用我军之镇静对付敌军之轻躁，这就是掌握军心的方法。用自己部队接近战场准备好对付远道而来的敌人，用自己休整好的部队从容对付征途劳累的敌人，用自己饱食过的部队对付饥饿的敌人，这就是控制军队战斗力的方法。不要去截击旗帜整齐、行伍雄壮的敌人，不要去攻击阵容堂皇、实力强大的敌人，这就是随机应变的方法。

〔原文〕故用兵之法：高陵勿向，背丘勿逆，佯北勿从，锐卒勿攻，饵兵勿食，归师勿遏，围师必阙，穷寇勿迫，此用兵之法也。

〔评译〕本段接上文，综言战场上的各种情况和作战方法。勿向，不要仰攻。勿逆，不要正面迎击。佯北，即佯败。饵兵勿食，义为不要理睬。勿遏，不要正面截击。围师必缺，网开一面。穷寇勿迫，不要逼迫太甚，以免狗急跳墙。这些，都是作战时应注意的事项，说是用兵法则，亦可。

用兵的法则是：敌人处于高陵时不要仰攻，敌人背靠高地时不要从正面攻，敌人佯败时不要去追击，敌之精锐不要去攻，敌之诱兵不要理睬，敌军退回本国时不要迎头阻击，包围敌军要虚留缺口，敌军已到绝境时不要逼得太紧。这些，都是用兵的法则。

九变篇

本篇旨意，历来多不得其解，统以作战中的随机应变释之。细读本文，反复体味，方知其所讲乃战争中的非常状态和如何处理非常状态的问题。例如，文中所说的五种地形，在战争中都是不正常的；用以取胜于敌的五种方法，更是不正常的；将领的五种毛病，也是不正常的。任何事物都有其常态和变态，战争亦然。在战争的常态中有一个适应敌情进行战术变化的问题，而本文所讲乃战争之变态，所以不存在这个问题。因此，篇题之“变”并非变易、变化之变，而是指相对于常态的变态，也可说是反常态或异常态。“九”，言其多，如九天九地之用法，义为各种变态。战争的常态是一个战略问题，战争的变态也是一个战略问题。知常而不知变，知变而不知常，都不可能取得战争的全胜。从某种意义上说，战争的常态也是变态中之常态，所以，以常应变固然重要，而反常为变则更为重要。如此，则可不战而胜，无敌于天下。读此文，必须牢记此旨。

〔原文〕孙子曰：凡用兵之法：将受命于君，合军聚众，圮地无舍，衢地合交，绝地无留，围地则谋，死地则战。

〔评译〕本段开门见山，军队在出征中就碰上了各种异常的地理环境。圮地，义当为泛地，而非如后文所说有山林、险阻、沮泽等而难于通行之地，故有作泛地者。这是一种被大水冲击成的洼地，形似锅底，漫漶无边，土质疏松，地表断裂，于攻于守均不利，故不宜宿营。衢地四通八达，可四面受敌。绝地，缺乏生存条件之地。围地，进退不利，易受包围而不得解脱之地。死地，走投无路之地，非战无以求生，所谓置之死地而后生是也。

孙子说，按一般的用兵原则，主帅接到国君的指令，就集合士众，组成军队，立即出征。征途中遇到圮地不要宿营，到衢地要交结友邻诸侯为外援，在绝地上不要停留，进居围地就巧为计谋，到了死地就要力战求生。（这样，就能得地之利）

〔原文〕途有所不由，军有所不击，城有所不攻，地有所不争，君命有所不受。

〔评译〕本段从作战方式上讲战争的非常态。各句“有所”二字，耐人寻味。通观全文，殆有意为之也。不如是解，就会走味。譬如说，途有所不由，其义即按常规该走的路而故意不走，非本来就不当走也。

有的路可走而故意不走，有的敌军可打而故意不打，有的城池可攻而故意不攻，有的地盘可争而故意不争，国君的命令应当接受而有些则不予接受。

〔原文〕故将通于九变之利者，知用兵矣。

将不通于九变之利者，虽知地形，不能得地之利矣。

治兵不知九变之术，虽知五利，不能得人之用矣。

〔评译〕本段总结上文。地形，即首段所说五种地形。五利，即二段所说五种作战方式之利。因此，有疑本文篇名应为五变者，盖由不得其旨而致误也。

所以，将帅能精通以上各种非常规作战方式的运用，就知道怎么用兵了。

将帅不精通以上各种非常规作战方式的运用,即使了解地形,也不能得到地利。

指挥军队不知道各种非常规作战方式,虽然知道上述“五利”,也不能充分发挥人力的作用。

〔原文〕是故,智者之虑,必杂于利害。杂于利,而务可信也;杂于害,而患可解也。

〔评译〕本段承上文另起。杂于利害,义为利害相参,两方面都要照顾到。可信,借为可伸,即可顺利执行。

因此,聪明的将帅考虑问题,必然兼顾到利害两个方面。在不利情况下看到有利方面,作战任务就可顺利完成;在有利情况下看到不利方面,祸患才可解除。

〔原文〕是故,屈诸侯者以害,役诸侯者以业,趋诸侯者以利。

〔评译〕本段承上文另起,前后无太大联系。但总的是说,怎么才能不用战争方式取得胜利。屈,屈服,制服。害,此处义为危害。役,役使、驱使。业,业务、事情。

要使各国诸侯屈服,就得对它加以危害;要使各国诸侯无力对我,就得驱使它去做别的事情;要使各国诸侯受我牵制,就得动之以利。

〔原文〕故用兵之法:无恃其不来,恃吾有以待也;无恃其不攻,恃吾有所不可攻也。

〔评译〕本段承上文，说明不用战争解决问题，必须以实力为后盾。文中每句两“恃”字含义不同。前一“恃”字，义为寄希望于敌人，盲目相信敌人，或认为敌不敢来犯。后一“恃”字，义为依靠自己的实力和准备。

所以，用兵的准则是：不要寄希望于敌人不敢来，而要依赖于自己的充分准备；不要寄希望于敌人不会进攻，而要依赖于自己有不可攻的实力。

〔原文〕故将有五危：必死，可杀也；必生，可虏也；忿速，可侮也；廉洁，可辱也；爱民，可烦也。凡此五者，将之过也，用兵之灾也。覆军杀将，必以五危，不可不察也。

〔评译〕本段论将，意在选用将帅。有以上致命缺点的人，是不能用的。必死，一味死拼。必生，贪生怕死。忿速，暴躁易怒。廉洁自持，本是好的，但多经不起污辱。爱民如子，也是好的，但在战争中可使之四处拯救民众而不胜其烦劳，故曰：可烦也。

将帅身上有以下五种弱点，将是非常可怕的。即：只知死拼，就可以诱杀；贪生怕死，就可以俘虏；暴躁易怒，就可以轻侮取之；廉洁好名，就经不住污辱；爱民备至，会受到烦扰而不得安宁。以上五点，是将帅的过错，也是用兵的灾难。军队覆灭，将帅被杀，必然出自这五种危险，这是不可不加以充分认识的。

行 军 篇

本篇名实相符，无须多解。惟本篇所言行军非一般军事调动，而是作战行军，即通常说的行军打仗。所以，在行军中要经常处于有利的作战位置并作好战斗准备。同时，要随时注意侦察并分析敌情，了解敌人的举措和动向，争取克敌致胜。在行军作战中，军官要关心士卒，严明纪律，上下一致，做到不战则已，战则必胜。读此文，如亲临其境，从未参与过战争的人也可体会到行军作战的滋味。

〔原文〕孙子曰：凡处军相敌：绝山依谷，视生处高，战隆勿登，此处山之军也。

绝水必远水；客绝水而来，勿迎之于水内，令半济而击之，利；欲战者，无附于水而迎客；视生处高，无迎水流，此处水上之军也。

绝斥泽，惟亟去无留。若交军于斥泽之中，必依水草而背众树，此处斥泽之军也。

平陆处易，而右背高，前死后生，此处平陆之军也。

凡此四军之利，黄帝之所以胜四帝也。

〔评译〕本段讲行军作战中，驻营要根据地形和敌情，处于有利的战争态势。地形共分四类：山地、江河、斥泽、平地。斥泽，即盐碱沼泽地。文中“绝”，义为经过、渡过。“背”，义为依托。

"生"、"死"，均指地形，如"视生处高"，即背靠山而面向下坡；"前死后生"，即后高前低。作战时一般要由高处向低处俯冲，才可自存而胜敌。"战隆勿登"，义为中央隆起四面为缓坡之地，容易四面受敌，故不能登上这种地方作战。黄帝，传说中人物。四帝：赤帝、青帝、白帝、黑帝也。我国古代有五帝之说：赤帝即炎帝，青帝为太昊，白帝为少昊，黑帝曰颛顼。四帝分居东、西、南、北，而黄帝居其中焉。这种安排出自五行说，过去多以为是战国时阴阳家邹衍之所为，据此可知，这种说法在春秋后期就有了。后来的《吕氏春秋》中采用此说。太史公《五帝本纪》与此不同，以黄帝、颛顼、帝喾、帝尧、帝舜为五帝，另有所据，不可视为信史。

孙子说：一般地讲，在行军作战途中扎营，要考虑到敌情。途经山地，必须靠近谿谷，驻在背山面水地方；敌人占据的高地，不要去仰攻。这是在山地扎营对敌应采取的处置。

横渡江河，应远离水流结营布阵；敌渡水来战，不要在它渡水时迎击，要等它渡过一半时再攻击，这样更有利；如要同敌人决战，不要紧靠水边列阵；在江河地带扎营，也要居高向低，不要面向水流。这是在江河地带扎营对敌应采取的处置。

通过盐碱沼泽地带，行动要迅速，不要逗留。如果在盐碱沼泽地带同敌军遭遇发生战斗，那就必须贴近水草而背靠众树。这是在盐碱沼泽地带行军遇敌时应采取的措施。

在平原上应占据开阔地域，右翼要依托高地，前低后高，这就是在平原上结营布阵应采取的处置。

以上四种处置军队的优胜之处，就是黄帝分别战胜赤帝、青帝、白帝、黑帝的原因。

〔原文〕凡军好高而恶下，贵阳而贱阴，养生而处实。军无百疾，是谓必胜。

丘陵堤防，必处其阳而右背之。此兵之利，地之助也。

上雨，水沫至，止涉，待其定也。

绝天涧、天井、天牢、天罗、天陷、天隙，必亟去之，勿近也。吾远之，敌近之；吾迎之，敌背之。

军旁有险阻、潢井、葭苇、山林、蘙荟者，必谨覆索之，此伏奸之所也。

〔评译〕本段承上文，一讲如何利用地形驻军休养士卒，二讲各种地形与行军作战的关系。天涧、山间积水如天池、天河。天井，地形似井。天牢，地形似牢房。天罗，四周有纵横交错的草木如网罗。天陷，地形塌陷。天隙，地表有沟豁，坑洼不平。险阻，指山势高峻和夹水难行之地。潢井，积水大坑。葭苇，芦苇。蘙荟，草木茂密，遮蔽视线。覆索，反复搜索。

凡是驻军，都喜欢高亢干燥之处，讨厌潮湿低洼之地；重视向阳之处，鄙弃阴暗之地；生存环境好，军需供应足。这样，将士百病不生，兵强马壮，胜利就有了可靠的保证。

行军到有丘陵堤防的地方，必须占据其向阳的一面，并把右翼背靠着它。这是凭借地形采取的克敌制胜的措施。

江河上游下雨，冲来水沫，要禁止徒涉，待水势平稳了再渡河。

遇到天涧、天井、天牢、天罗、天陷、天隙，务要迅速离开，不要接近。我军要远离这种地方，让敌人去靠近它；我们应面向这种地形，让敌人背靠着它。

行军中经过险阻、湖沼、芦苇丛、山林和草木繁茂的地方，必须谨慎地反复进行搜索，这些都是敌人有可能隐伏奸细的处所。

〔原文〕敌静而近者，恃其险也；远而挑战者，欲人之进也。其所居易者，利也。众树动者，来也；众草多障者，疑也。鸟起者，伏也；兽骇者，覆也。尘高而锐者，车来也；卑而广者，徒来也；散而条达者，薪来也；少而往来者，营军也。辞卑而益备者，进也；辞强而进驱者，退也。轻车先出，居其侧者，陈也；无约而请和者，谋也；奔走而陈兵者，期也；半进半退者，诱也。杖而立者，饥也；汲役先饮者，渴也；见利不进者，劳也。鸟集者，虚也；夜呼者，恐也；军扰者，将不重也；旌旗动者，乱也；吏怒者，倦也。粟马肉食，军无悬缻，不返其舍者，穷寇也。谆谆翕翕，徐言入入者，失众也；数赏者，窘也；数罚者，困也；先暴而后畏其众者，不精之至也。来委谢者，欲休息也。兵怒而相迎，久而不合，又不相去，必谨察之。

〔评译〕本段紧接上文，详论敌情之种种表现。生动翔实，简明扼要。如临其境，如与其事。像侦察手册，更像侦察口诀。文字虽古，可不作解。

敌人近我而安静的，是仗恃它占据着险要地形；敌人远我而来挑战的，是想诱我前进。敌人所以要驻扎在平坦地方，是因为这样对它有利。众多树木摇动，是敌人荫蔽来攻；草丛中有许多障碍物，是敌人故设疑兵。群鸟惊飞，是下面有伏兵；野兽骇奔，是敌人前来突袭。尘土高而尖，是敌人战车驶来；低而宽阔，是敌人徒兵开来；散而疏朗，是敌人曳柴而来；少而来往飘浮，是敌人在安营扎寨。敌人对我言辞谦卑而背后加紧战备的，是准备进攻；措辞强硬，而表面在驰骋进逼的，是准备撤退。敌战车先出动列于两侧的，是在布阵；没有约定就来请和的，是要玩阴谋；频繁调动兵力布阵的，是想近期决战；进进退退的，是企图引诱我军。敌兵倚着兵仗站立，是饿坏了；水夫汲水先饮的，是渴极了；见利而不来争的，是累垮了。鸟雀在敌营寨上成群聚栖，是营空了；敌军夜间惊叫，是恐惧的表现；敌营中无故惊扰，是敌将缺乏威重的表现；旗帜摇动无规律，是敌人队伍已经混乱；敌军官轻易就发怒，是厌战的表现。用马肉作食物，连汲水器都没有，又不返回营舍的，是走投无路的穷寇。同部下讲话有气无力，半吞半吐，是敌将失去人心的表现；不断犒赏士卒的，是处境窘迫的表现；不断惩罚部属的，是陷入困境的表现。先对部下打骂惩处而后又害怕部下的，是最不精明的将领。

敌人派使者来委质谢罪的，是想休兵息战。敌军逞怒来与我对阵，但久不交锋又不撤走的，必须谨慎地观察它的企图。

〔原文〕兵非多益，惟无武进，足以并力、料敌、取人而已。夫惟无虑而易敌者，必擒于人。

〔评译〕本段另起，主要讲自己的兵力。多益，多了就有益。武进，恃武冒进。并力，集中兵力或协同力量。料敌，义为清理计算，如说“料敌如神”，即把敌人的兵力多少、虚实、动向、意图在心中算得一清二楚。取人，义为取胜于敌人，非争取人心也；有作如是解者，然于前后文难通。无虑，不加思虑。易敌，轻敌也。文义与料敌正反。

打胜仗不在于有过多的兵力，只要不逞强冒进，有足够集中的兵力、洞悉敌情、能取胜于人而已。那种既不虑略而又轻敌的人，必然为人所擒。

〔原文〕卒未亲附而罚之，则不服，不服则难用也；卒已亲附而罚不行，则不可用也。故合之以文，齐之以武，是谓必取。令素行以教其民，则民服；令素不行以教其民，则民不服。令素行者，与众相得也。

〔评译〕本段主要讲治军与官兵关系。这是克敌制胜之本，故以此结束全文。亲附，义为关系亲切，如父兄与子弟那样。合之以文，义为以恩德对待士卒。齐之以武，义为以军纪军法管教士卒。必取，义为取胜。令素行以教其民，义为平时就能贯彻命令，遵令者赏，违令者罚。民，此处指士卒。

士卒还没有亲附就施行处罚，他们便会不服，不服就很难调用；士卒已经亲附，仍不执行法纪，也就无法调用了。所以，要施加恩德使他们归心，严明法纪使他们行为整肃，这就叫做必胜之军。平素能贯彻命令，管教士卒，士卒就会养成服从的习惯；平素不能贯彻命令，管教士卒，士卒就会养成不服从的习惯。命令一贯能执行下去的，是将帅与士卒之间关系融洽的表现。

地 形 篇

本篇主题明确，要在讲研究地形和利用地形进行战争。战争要取胜，不仅要知己知彼，而且要知地形，并把二者结合起来，因地利而发挥军事力量的作用。当然，这里说的是与战争有关的地形，可谓军事地形学。

〔原文〕孙子曰：地形有通者，有挂者，有支者，有隘者，有险者，有远者。

我可以往，彼可以来，曰通。通形者，先居高阳，利粮道，以战则利。

可以往，难以返，曰挂。挂形者，敌无备，出而胜之；敌有备，出而不胜，难以返，不利。

我出而不利，彼出而不利，曰支。支形者，敌虽利我，我无出也，引而去之，令敌半出而击之，利。

隘形者，我先居之，必盈之以待敌；若敌先居之，盈而勿从，不盈而从之。

险形者，我先居之，必居高阳以待敌；若敌先居之，引而去之，勿从也。

远形者，势均，难以挑战，战而不利。

凡此六者，地之道也，将之至任，不可不察也。

〔评译〕本段从军事角度讲各种地形，所用名称多为军事用语。通形，即彼此来去通达，双方均可利用。挂形，前低后高，呈陡坡状，像挂起来一样。支形，即条形，来往只有一条道，兵力展不开，故对双方出兵均不利。隘形，地形狭隘，易守难攻。险形，地形险峻。远形，距作战双方均远。打仗必须先了解这六种地形，决定打与不打，如何打法。

孙子说：用兵作战的地形有：通形、挂形、支形、隘形、险形、远形，共六种。

我军可以去，敌人可以来的作战地域，叫做通形。在通形地域上，应先占据阳光充裕的高地，保持粮道畅通，这样作战就有利。

可以前往，难以返回的作战地域，叫作挂形。在挂形地域，如果敌不设备，就突然出击，战而胜之；如果敌人有备，出击不可能取胜，又难以返回，就不利了。

我军前出不利，敌军前出也不利，这种作战地域叫做支形。在支形地域，即使敌人诱我前出，我也不能出，要佯装引军而去，让敌人出来一半时再迅速回兵击之，这样就有利了。

隘狭之地，如我军能抢先占领，就必须以重兵扼守隘口，等待敌人前来。如敌人抢先占领了，并以重兵扼守着隘口，我就不要去打；如果敌人没有重兵封锁隘口，那就可以打进去了。

险峻之地，如果我先占领，必须据守高阳之所，等待敌人前来；如果敌人先占领了，我就应引兵撤退，不要去打了。

远形作战地域，双方地势均同，难以向敌挑战，勉强去打，是不会有利的。(两败俱伤或打成平手)

以上六项，是利用地形作战的原则。这是将帅的重大责任所在，作将帅的切不可不认真地予以考察和研究。

〔原文〕故兵有走者，有弛者，有陷者，有崩者，有乱者，有北者。凡此六者，非天地之灾，将之过也。

夫势均，以一击十，曰走。卒强吏弱，曰弛。吏强卒弱，曰陷。大吏怒而不服，遇敌怼而自战，将不知其能，曰崩。将弱不严，教道不明，吏卒无常，陈兵纵横，曰乱。将不能料敌，以少合众，以弱击强，兵无选锋，曰北。

凡此六者，败之道也。将之至任，不可不察也。

〔评译〕本段专论治军用兵问题，似乎与上段无关。实际上，这是说光知道如何利用地形还不够，还必须有一支能征善战的军队和堪负重任的将帅，否则仍然会招致失败。文中所说六种失败情况均属此类，故曰“非天地之灾也”。走，逃跑、逃奔。驰，松懈。陷，塌陷，缺乏战斗力。崩，分崩离析，瓦解。乱，内部混乱。北，败北。势均，指地理形势。选锋，指精锐部队。这六种失败情况，都不是“天地之灾”造成的，而是将帅本身不能尽职尽责或根本缺乏作将帅的能力。

军事上有走、驰、陷、崩、乱、北等六种失败情况。这六种情况，都不是由自然环境发生灾害造成的，而是将帅本身的过失带来的后果。

在地理形势上有同等机遇而以一击十的，必然败逃，这就叫走。士卒强悍，军官懦弱的，队伍必然松懈，这叫做弛。军官强悍，士卒懦弱的，必然战斗力差，这叫做陷。偏将怨怒而不服从调遣，遇到敌人愤然擅自出战，主将又不了解他的能力，临战必然崩溃，这就叫做崩。将帅软弱没有威严，治军没有章法，官兵关系不正常，布阵横七竖八，必然不战自乱，所以叫做乱。将帅对敌情心中无数，以少对众，以弱击强，前锋又没有精锐分队，这就必然失败，故名曰北。

以上六种情况，都有其失败的原因。将帅对此负有重大责任，这是不可不认真考察研究的。

〔原文〕夫地形者，兵之助也。料敌制胜，计险易、远近，上将之道也。知此而用战者必胜，不知此而用战者必败。

〔评译〕本段回到主题，再次强调地形的重要性。兵之助也，义为用兵的凭借，按地形用兵作战，好像戏台一样。以往释为辅助条件，可有可无，其义不确，且与下文义不相符。

一般说来，地形是用兵的凭借（舞台）。所以，料敌制胜，考察地形险易，计算道路远近，是高明的将领必须掌握的方法。懂得这些道理去指挥战争的，必然会胜利；不懂得这些道理就指挥战争的，必然要遭到失败。

〔原文〕故战道必胜，主曰无战，必战可也；战道不胜，主曰必战，无战可也。故进不求名，退不避罪，唯民是保，而利合于主，国之宝也。

〔评译〕本段承上文，谈将帅与君主的关系。战道，即前“上将之道”。据此道而必胜的就坚决打，不能取胜的就坚决不打。即使违反国君的命令，也在所不惜。因为，打仗不是为了个人出名，而是为了保全民众，维护君主利益。只要有利于君主，即使有违命之罪，也在所不辞了。

按照战争胜负之理定能胜利的，即使国君命令不打，也要坚持去打；按照战争胜负之理取胜无望的，即使国君命令去打，也要坚持不打。进不贪图战胜的名声，退不回避违命的罪责，只求保全民众，以国君的利益为指归，这样的将帅，才是国家的宝贵财富。

〔原文〕视卒如婴儿，故可与之赴深谿；视卒如爱子，故可与之俱死。厚而不能使，爱而不能令，乱而不能治，譬若骄子，不可用也。

〔评译〕上段讲将帅与君主的关系，此承上文，转而谈将帅与士卒的关系。文中以父子关系为喻，非实指，故"赴深谿"、"俱死"亦非实指。文中实指者只有治军数语。

看待士卒像婴儿一样，就可与士卒共赴艰险，看待士卒像爱子一样，就可与士卒同生共死。对士卒厚待而不加使用，爱护而不加管教，违犯法纪而不予惩治，那士卒就会像娇惯的子女一样，是不能用来作战的。

〔原文〕知吾卒之可以击，而不知敌之不可击，胜之半也；知敌之可击，而不知吾卒之不可以击，胜之半也；知敌之可击，知吾卒之可以击，而不知地形之不可以战，胜之半也。故知兵者，动而不迷，举而不穷。故曰：知彼知己，胜乃不殆；知天知地，胜乃可全。

〔评译〕本段总结全文，言简意赅，完美无缺。胜之半，只有一半的可能性，非实胜一半。动而不迷之迷，义如举棋不定，不知如何是好。举而不穷，指各种举措，不限于随敌应变，因为这里还有一个地形问题。

只晓得自己的部队能打，而不知道敌人不可以打，胜利的可能性只有一半；只了解敌人可以打，而不知道自己的部队不能打，胜利的可能性也只有一半；知道敌人可打，也知道自己的队伍能打，而不了解地形不利于作战，胜利的可能性还是只有一半。所以懂得用兵的人，他的行动决不会迷惑不定，他的举措就会无穷无尽。故而说：既了解敌方，又了解我方，胜利就不会有危险；晓得天时，晓得地利，胜利就可保万全。

九地篇

本篇和《九变》一样，在《孙子兵法》中也是一篇奇文，故历来也多不得其解。篇名《九地》，但根本不讲军事地形，也很少讲军事地理，而更多地着墨于行军和作战的社会地域，令人丈二金刚摸不着头脑。究其原因，在于本篇所讲乃外线作战，即通常所说的战略进攻，而且是进入敌国实行战略进攻。这种战争带有我们现在所说全面战争或总体战争的许多特点，涉及到方方面面，所以本文内容就显得庞杂，并与前述各篇在行文上有不少重复。但关键还是在于如何赢得战争，所以各个方面都是以此为中心而展开的。只是由于在外线作战，脱离本土，悬军敌境，所以这种战争又具有不同于一般战争的许多特点。对这种战争，我们可称之为非常环境中的异常战争形态。只有这种战争，才能把进行战争的各种因素及其功能充分发挥出来，作到胜敌于千里之外，覆其军而杀其将，取其国而有之。本文神奇绝险，令人读之而不厌。谓予不信，请君读之。

〔原文〕孙子曰：用兵之法，有散地，有轻地，有争地，有交地，有衢地，有重地，有圮地，有围地，有死地。

诸侯自战其地者，为散地。入人之地而不深者为轻地。我得则利，彼得亦利者，为争地。我可以往，彼可以来者，为交地。诸侯之地三属，先至而得天下之众者，为衢地。入人之地深，背城邑多者，为重地。山林、险阻、沮泽，凡难行之道者，为圮地。所由入者隘，所从归者迂，彼寡可以击吾之众者，为围地。疾战则存，不疾战则亡者，为死地。

是故散地则无战，轻地则无止，争地则无攻，交地则无绝，衢地则合交，重地则掠，圮地则行，围地则谋，死地则战。

〔评译〕本段开宗明义，从战略上把有关的地域分为九种，也可称战略地理。其中四种同见于《九变篇》。惟本篇对“九地”的排列是由近及远，着重进入敌人腹地作战。散地，义为军心容易涣散，故不宜作战。轻地在敌国边境线内，得之无足轻重，故不宜停止于此。争地得之固然有利，但如久攻不下，就会影响战略全局，故不宜进攻。交地道路交错，要注意保持部队的联系，不要被敌人隔绝开。衢地是多国交界地方，先到达可以得到邻国援助。重地不说自明。圮地、围地、死地，解如前，只不过这里说的是在敌国的内部纵深地区。

孙子说：用兵的原则要考虑所在的地域，其中有散地、轻地、争地、交地、衢地、重地、圮地、围地、死地。

诸侯在本国境内作战的地区，叫做散地。进入敌国境内不深的地区，叫做轻地。我军得到有利，敌军得到也有利的地区，叫做争地。我军和敌军都可以来往的地方，叫做交地。多国交界地方，先到达就可以得到列国诸侯援助的地区，叫做衢地。深入敌境，贴近敌人众多城邑的地方，叫做重地。山岭、森林、险阻、沼泽等难于通行的地区，叫做圮地。进军的道路狭隘，退回的路线迂远，敌人能对我们以少击众的地区，叫做围地。奋勇急战才能生存，稍有松懈就会覆没的地区，叫做死地。

因此，在散地要避免作战，在轻地不要停留，遇争地不要与敌对攻，过交地部队不要断绝联系，到衢地应交结诸侯，入重地就掠取粮秣，遇圮地就迅速通过，逢围地要善用计谋，陷入死地就拼命死战以求生存。

〔原文〕所谓古之善用兵者，能使敌人前后不相及，众寡不相恃，贵贱不相救，上下不相收，卒离而不集，兵合而不齐。

合于利而动，不合于利而止。敢问："敌众以整，将来，待之若何？"曰："先夺其所爱，则听矣。"

兵之情主速，乘人之不及，由不虞之道，攻其所不戒也。

〔评译〕本段承上文展开，说明在通过"九地"后，如何与敌军作战。首先要把敌军打乱。如果敌军严阵而来，就先割取其性命交关的部位，把它调动起来。然后抓住敌人的弱点，出乎意料地迅猛进击，这样敌军就乱套了。文中"合于利"句，义为对我有利则打，于我不利就不要打。

传说古时善于指挥作战的人，能使敌军前后部队不相策应，主力和分翼互不支持，官兵互不救援，主帅与下级互不联络，士卒溃散时不能集合，会战时阵形摆不严整。

主帅要做到，对我有利就打，对我无利就按兵不动。请问，"如果敌军众多并且阵势严整地向我前进，用什么办法对付它呢？"答曰："先夺取它不可割舍之所在，就能使它听从我的摆布了。"

用兵之理，贵在神速，乘敌人措手不及的时机，走敌人意料不到的道路，攻击敌人没有戒备的地方。

〔原文〕凡为客之道：深入则专，主人不克；掠于饶野，三军足食；谨养而勿劳，并气积力；运兵计谋，为不可测。

〔评译〕本段承上文，讲深入敌境后的问题。客：客军，古时敌对双方常以主、客分，主人即指敌军。深入则专，义为齐心合力。

凡是进入敌境作战的军队，其规律是：进入敌境越深，就越是能齐心合力，敌人就越是不能战胜我军。在丰饶的田野上掠取粮秣，全军就有足够的给养。注意休整部队，不使过于疲劳，养精蓄锐，提高士气。运用兵力要精于计谋，使敌人摸不到底细。

〔原文〕投之无所往，死且不北。死，焉不得士人尽力？兵士甚陷则不惧，无所往则固，入深则拘，不得已则斗。是故不修而戒，不求而得，不约而亲，不令而信，禁祥去疑，至死无所之。吾士无余财，非恶货也；无余命，非恶寿也。令发之日，士坐者涕沾襟，卧者涕交颐。投之无所往者，诸、刿之勇也。

〔评译〕本段承上发挥，可连读。惟本段专讲置之死地而后生，投之亡地而后存。文中甚陷，义为陷于危险。则拘，义为捆在一起，犹现在说抱团也。禁祥去疑，禁止占卜算命，不许惑乱军心。诸、刿，指刺杀吴王僚的专诸，鲁国勇士曹刿（一作曹沫）。

将部队置于走投无路的绝境，士卒宁死也不会败退。既然士卒宁死不退，怎能得不到武士们尽力而战呢？士卒陷入危险境地，就不恐惧；无路可走，军心就会稳固；深入敌境，大家就会拧成一团；迫处绝地，必然奋力战斗。这种情况下的部队，不须整饬，自能注意戒备；不加强制，就可得其死力；无须约束，就能亲如手足；不待申令，就会严守纪律。要禁止求神问卜，取缔惑疑言论，他们面对死亡也不会退避。我军将士没有多余的财物，并不是不爱财物；没有多余的性命可以牺牲，也不是不想长命。当作战命令下达的时候，士卒们坐着的泪湿衣襟，躺着的泪流满面。但一旦把他们投到无路可走的绝境，他们就会像专诸和曹刿一样的勇敢了。

〔原文〕故善用兵者，譬如率然；率然者，恒山之蛇也。击其首则尾至，击其尾则首至，击其中则首尾俱至。敢问：兵可使如率然乎？曰：可。夫吴人与越人相恶也，当其同舟而济，其相救也，如左右手。是故方马埋轮，未足恃也；齐勇若一，政之道也；刚柔皆得，地之理也。故善用兵者，携手若使一人，不得已也。

〔评译〕本段直承上文，讲部队整体作战。方马，或作放马，亦通，惟义相反。方，义为圈起来；放，义为放掉。埋轮，即埋掉车轮。此假设之辞，实无此例。刚柔，指地理；皆得，无不适宜，义为在任何地理条件下都能作战，是由于懂得利用地理。余不解自明。

所以善于统率军队作战的人，其部队在战场上就像率然蛇。率然是恒山地方的一种蛇。这种蛇，打它的头部，它的尾部就来救应；打它的尾部，它的头部就来救应；打在腰中，它的头尾都来救应。请问："军队也可以使之像率然一样吗？"回答是："可以。"例如，吴国人和越国人本是相互仇恨的，但当他们同舟渡河的时候，他们互相救援就像一个人的左右手一样。因此，想用圈起战马，埋掉车轮的方法，向部队表示死战的决心，那是靠不住的。要使部队官兵都同样勇猛，靠的是治军有道；要使部队在什么地方都能作战，在于充分利用地理环境。所以善于用兵的人，能使全军携起手来像一个人一样，这是因为战场形势迫使部队不得不这样。

〔原文〕将军之事，静以幽，正以治。能愚士卒之耳目，使民无知。易其事，革其谋，使民无识；易其居，迂其途，使民不得虑。帅与之期，如登高而志其梯；帅与之深入诸侯之地，而发其机；若驱群羊，驱而往，驱而来，莫知所之。聚三军之众，投之于险，此谓将军之事也。

〔评译〕将军之事，义为军事统帅应做到的事。事，指下文。静，头脑冷静，不为外物和感情所动。幽，谋略深邃，奥妙莫测。正以治，公正严明，处变不乱。愚，蒙蔽。民，亦指士卒。帅与之期，如登高而去其梯，义为给部属下达任务后，对如何完成任务不要进行干预，助其实现。

军事统帅应做到：思考冷静，谋略深邃；公正严明，处变不乱。要能蒙蔽士卒的视听，使他们对军机事务毫无所知。变更作战布署，改变原定计划，使他们看不破机关。经常改换驻地，故意迂回行进，使他们猜不到意图。主帅赋予部属任务，不要继续加以扶持，就像登高而抽掉梯子一样。将帅令士卒深入敌国境内，就像击发弩机射出的箭一般，勇往直前。对士卒如同驱赶羊群，赶过去，赶过来，让他们不知道要去哪里。统领全军，投入险境，这就是主帅的任务。

〔原文〕九地之变，屈伸之利，人情之理，不可不察也。凡为客之道，深则专，浅则散。去国越境而师者，绝地也；四彻者，衢地也；入深者，重地也；入浅者，轻地也；背固前隘者，围地也；无所往者，死地也。是故散地，吾将一其志；轻地，吾将使之属；争地，吾将趋其后；交地，吾将谨其守；衢地，吾将固其结；重地，吾将继其食；圮地，吾将进其途；围地，吾将塞其阙；死地，吾将示之以不活。

诸侯之情：围则御，不得已则斗，过则从。

是故，不知诸侯之谋者，不能预交；不知山林、险阻、沮泽之形者，不能行军；不用乡导者，不能得地利。

四、五者，一不知，非王霸之兵也。

〔评译〕本段带有总结性，故行文与前多有重复。以往解为重文错简，实误。末言四五，多不得其解。或云四五有误，或云四五指九地分四与五。实则，诸侯之情有三，加诸侯之谋为四；首句九地之变，屈伸之利，人情之理，加行军与用乡导为五也。传本诸侯之情作故兵之情，义不可通。我军之情怎能是围则御云云呢？现据汉简文改，文理就通顺了。有以首句归上段者，亦不可通，因为将军之事没有这些内容，连下文读就通了。文中为客之道与九地之名均与前重复，但此处重在屈伸之利和人情之理，故其解亦有不同者。如绝地，在《军争》中说是无所往的地方，解与本篇死地同。围地，前文说是：其由入者隘，其由归者迂；而本段解则与《军争》中文同。诸侯之情中过则从，义为绝望时就降服了。现通译如下：

九种战略地域的不同举措，攻防进退的利害得失，全军上下的心态情绪，这些都是将帅不能不仔细观察并认真研究的。总的说来，作客军的情理是：进入敌境越深，军心就越是稳固；进入敌境越浅，军心就越是容易涣散。离开本国去敌境作战，就算是到了绝地：其中四通八达的地区谓之衢地，进入敌境深者就到了重地，进入敌境浅者算是轻地，背有险固前阻隘路的谓之围地，到处无路可走的则是死地。因此，在散地上，要统一部队意志；在轻地上，要使部队营帐互相联接；在争地上，要使后续部队迅速跟进；在交地上，要小心谨慎防守；在衢地上，要巩固与邻国的交结；进入重地，要抓紧补充粮秣；行经圮地，要快速前进早点通过；陷入围地，要严密把守缺口；到了死地，就要挥动士卒去拼命死战。

敌人之情则是，被包围就会抵抗，穷迫了就要战斗，陷入绝境只得降顺了。

不了解各诸侯国的战略图谋，就不要贸然与之结交；不熟悉山林、险阻、沼泽等地形，就不要盲目行军；不雇用向导，就得不到地利。

以上敌我四、五各项，只要有一项不知道，就谈不上是王霸之国的无敌军队。

〔原文〕夫王霸之兵，伐大国，则其众不得聚；威加于敌，则其交不得合。是故，不事天下之交，不养天下之权，信己之私，威加于敌，故其城可拔，其国可隳。

施无法之赏，悬无政之令，犯三军之众，若使一人。犯之以事，勿告以言；犯之以害，勿告以利。投之亡地然后存，陷之死地然后生。故众陷于害，然后能为胜败。故为兵之事，在于顺详敌之意，并敌一向，千里杀将，此谓巧能成事者也。

〔评译〕本段承上文，集中讲王霸之兵。文中天下，义为各国诸侯。不事，或作不争，以作不事为佳。此数句义为：不必去作交结诸侯的事，不要培植诸侯势力，放手发展自己的力量。信，义为伸展。犯，义为动用。顺详，即慎详，义为仔细分析判断敌人意图。

所谓王霸之军，征讨大国时能使敌人的军民来不及动员集中；兵威加在敌人头上，就能使它的同盟不敢来配合策应。因此，不必去交结诸侯，不须培植诸侯势力，只要能放手发展壮大自己的力量，把兵威加在敌人头上，就可以拔取敌人的城邑，毁坏敌人的国都。

在战场上，要施行超出成法的奖赏，颁布打破常规的号令，调度指挥三军之众就好像使唤一个人一样。只赋予属下作战任务，而不告诉他们战略意图；只赋予他们危险任务，而不告诉他们如何变害为利。把士卒置于危地，才能转危为安；陷士卒于死地，才能转死为生。军队只有赴危犯难，然后才能夺得胜利。所以，指挥战争的关键，就在于仔细考察敌人的战略意图，集中兵力于战略主攻方向，长途奔袭，杀其将帅，这就是所谓巧妙用兵，以奇取胜的问题。

〔原文〕是故，政举之日，夷关折符，无通其使；厉于廊庙之上，以诛其事。

敌人开阖，必亟入之。先其所爱，微与之期。践墨随敌，以决战事。

是故，始如处女，敌人开户；后如脱兔，敌不及拒。

〔评译〕本段收尾，突出战争的紧张气氛和突发特性。文意未尽，但那是进入敌境以后的事。读者自然会从头回顾本文。政举之日，义为在决定发动战争的时刻。夷关，本义为毁掉边关，此处义为封锁。折符，指通行符节。厉，砥砺，磨刀也，此处义为严肃讨论。诛，义为决定。开阖，打开门扇。先其所爱，以往多援前文例，作先夺其所爱，扞格难通；此处意思是联络敌国君主亲信。微与之期，暗中与之约定。践墨，作按常规或打破常规追随敌人，均可。墨，绳墨也。实际上，这是在敌朝中收买间谍，与之约定在何时何地解决敌军，可参看后文《用间篇》。

因此，在发动战争的时候，要封锁关口，折毁通行符节，不许敌国使者往来；在庙堂上反复谋划，作出战略决策。敌边境一旦出现空隙，就迅速乘虚而入。要先物色敌君亲信为内应，秘密与之达成默契，进入敌境后就打破常规跟踪敌军，到预定地区一举而歼灭之。因此，战争开始之前要像处女那样沉静柔和，诱使敌人放松戒备，打开门户；战争爆发之后，要像脱逃的野兔一样疾驰而前，使敌人措手不及，无法抗拒。

火攻篇

本篇名实相符，旨意甚明，即把火攻作为一种战争手段和方式。篇中也提到水攻，但强调的则是火攻。因为，火攻可以给敌人造成重大伤亡和损失，有时甚至可以决定战争的胜败。有意思的是：本篇从火攻引伸出对战争要持慎重态度。这实际上是把战争本身喻为火攻，其所造成的人员伤亡和物资消耗是巨大的，弄得不好还会家破国亡，所以决不能等闲视之。两千年前而有如此认识，确属难能可贵。

〔原文〕孙子曰：凡火攻有五，一曰火人，二曰火积，三曰火辎，四曰火库，五曰火队。行火必有因，因必素具。发火有时，起火有日。时者，天之燥也；日者，月在箕、壁、翼、轸也。凡此四宿者，风起之日也。

〔评译〕本段谈火攻的种类与火攻的必要条件和手段。火人，即火烧人马。火积，指火烧储存的粮草。火辎，火烧军用辎重。火队，焚烧敌军物资运输线。队，同坠，假为隧，道也。行火，点燃，发火，引发。因，指发火用的材料。箕、壁、翼、轸，四座星宿名称。

孙子说：火攻的形式一般有五种：一是火烧敌军人马，二是火烧敌军粮草积储，三是火烧敌军辎重，四是火烧敌人仓库，五是火烧敌军粮道。发火必须有相应的材料器具，这些东西要在平时就准备好。放火要看天候，行火要看日子。天时是指气候干燥，日子要选在月亮行经箕、壁、翼、轸四座星宿的时候。月亮行经这四座星宿的时候，通常就是起风的日子。

〔原文〕凡火攻，必因五火之变而应之。火发于内，则早应之于外。火发其兵静，待而勿攻；极其火央，可从而从之，不可从而止之。火可发于外，无待于内，以时发之。火发上风，无攻下风。昼风久，夜风止。凡军必知有五火之变，以数守之。

〔评译〕本段承上文，讲火攻时要有相应的军事行动。五火之变，义为火攻时发生的五种不同情况，用法如九地之变。极其火央，火势极盛。以数守之，义为以风起的时数而随火应变。

凡是火攻，必须根据五种不同的情况而采取相应的军事举措。从敌营内部放火，要事先把兵力布署在外围，及时发起进攻。敌营内部的火起来了而其部队镇静如常，要暂时按兵不动，待火势极盛时，看情况可攻则攻之，不可攻就罢休。火可以从外面放，这就无须等待内应，只要适时放火就行了。从上风放火时，不要从下风进攻。白天风刮久了，夜间就会停息。（不要等夜晚放火进攻）军队必须懂得灵活运用这五种火攻情势，准确把握火攻的时数。

〔原文〕故以火佐攻者明，以水佐攻者强。水可以绝，不可以夺。

〔评译〕本段总结上文，以水攻作对比。明，以火势喻，义为攻势炎盛。强，以水势喻，义为攻势强劲。绝，隔绝。夺，毁灭。

军队以火助攻，其攻势炎烈；以水助攻，其攻势强劲。水可以分割隔绝包围敌人，但不能毁灭敌人。

〔原文〕夫战胜攻取，而不修其功者，凶，命曰费留。故曰：明主虑之，良将修之。非利不动，非得不用，非危不战。主不可以怒而举军，将不可以愠而致战。合于利而动，不合于利而止。怒可复喜，愠可复悦，亡国不可以复存，死者不可以复生。故明君慎之，良将警之，此安国全军之道也。

〔评译〕本段引伸上文，从战争的后果谈对战争应取的态度。不修其功，历来多以论功行赏释之，实则这里讲的主要是巩固战果的问题。如攻城掠地之后，就要很好地治理，取得良好的效益。否则，巨大战费的支出就是白白花掉了。费留，即费流，义为战费流失。战费流失则国力空虚，故曰：凶。我国古代所说“兵，凶事也”，就有这种含义。理解这一点，全文就不说自明了。

凡战胜敌人，夺取了城邑土地，而不能加以治理，巩固战果的，反倒是一场灾祸，这叫做徒劳无益的“费留”（流）。所以说，贤明的国君要认真考虑这个问题，优良的将领要慎重处理这个问题。不是有利不行动，非有所得不用兵，不是危迫不开战。国君不可因一时愤怒而发动战争，将帅不可因一时气忿而出阵作战。符合国家利益才发兵，不符合国家利益就息兵。愤怒还可以转而欢喜，气忿还可以转而高兴，国亡了就不能复存，人死了就不能复生。所以，对战争问题，贤明的国君要保持慎重，优良的将领要保持警惕，因为这是安定国家、保全军队的大事情。

用间篇

这也是一篇奇文。用间，即使用间谍。今天看来，毫不足怪。但两千年前能提出这个问题，予以系统论述，充分肯定间谍的功用，就未免出奇了。而且，时至今日，本文仍然不失为间谍工作的指南，其价值就可想而知了。用间，是为了取得真实情报，读本文，我们还可理会各种情报工作的意义。

〔原文〕孙子曰：凡兴师十万，出征千里，百姓之费，公家之奉，日费千金；内外骚动，怠于道路，不得操事者，七十万家。相守数年，以争一日之胜，而爱爵禄百金，不知敌之情者，不仁之至也，非民之将也，非主之佐也，非胜之主也。

故明君贤将，所以动而胜人，成功出于众者，先知也。先知者，不可取于鬼神，不可象于事，不可验于度，必取于人，知敌之情者也。

〔评译〕本段劈头就把用间放到非常重要的位置。内外骚动，即举国骚动，内指政府，外指民众。怠于道路，即疲于转输，向前方运送粮草。操事，即耕稼。七十万家，每家以五口计，共350万人。加上兴师十万，又得50万人。军民总计达400—500万人，这在古代就是一个大国了。不知敌之情，义为不用间谍获取敌人情报。非民之将，民指士卒，义为军队。不可取于鬼神，义为祈祷。象于事，作事物形式类比。验于度，指星相度数。取于人，指间谍。这里表现出十分精到的唯物主义。

孙子说：凡兴兵十万，出征千里，百姓的花费，公室的开支，每天要耗费千金；举国都被牵动，无数人在转输道上疲于奔命，每年不能正常从事耕稼的有七十万家。这样和敌人对峙数年，无非是为了决胜于一旦，如果吝惜爵禄和金钱，不肯重用间谍去探明敌情，那就是不仁到极点了。这种人，不配作军队的统帅，称不上是国君的辅佐，决不会成为胜利的主宰。

那些明君贤将，之所以能举兵就战胜敌人，功业超出众人的原因，就在于事先了解敌情。要事先了解敌情，不可祈求于鬼神，不可拿类似的事情作形式类比进行推测，不能用星相运行度数去验证，必须取之于间谍，从他们那里获取敌情。

〔原文〕故用间有五：有乡间、有内间、有反间、有死间、有生间。五间俱起，莫知其道，是为神纪，人君之宝也。

乡间者，因其乡人而用之。内间者，因其官人而用之。反间者，因其敌间而用之。死间者，为诳事于外，令吾间知之，而传于敌间也。生间者，反报也。

〔评译〕本段承上文，专言间谍的种类和特点。莫知其道：因间谍都是秘密活动，神出鬼没，微妙无形，故其道奥妙莫测。神纪，神秘不测之理。纪，理也。所以，本文也只谈到各种间谍的功能，而没有谈及间谍工作的规律。

国家用于军事方面的间谍共有五种：有乡间，有内间，有反间，有死间，有生间。这五种间谍同时分别使用起来，谁都捉摸不到，无从揣测，莫名其妙，堪称神灵之理。这是君主安国全军、制胜敌人的一大法宝。

所谓乡间，就是利用敌人的乡邻亲朋作间谍。所谓内间，就是利用敌国官吏作间谍。所谓反间，就是利用敌国间谍作间谍。所谓死间，就是制造假情报，让潜入敌营的我方间谍传给敌间，让敌人落入我之圈套，如敌人发现中我之计，我间不免要被处死。所谓生间，就是探明敌情就回来报告的间谍。（这种间谍一般都可生还）

〔原文〕故三军之亲，莫亲于间，赏莫厚于间，事莫密于间。非圣不能用间，非仁不能使间，非微妙不能得间之实。微哉微哉，无所不用间也。间事未发，而先闻者，间与所告者皆死。

〔评译〕本段承上文，言如何对待并使用间谍。文意明豁，无须赘解。

所以在全军之中和主帅关系最亲近的，莫过于间谍，奖赏最优厚的莫过于间谍，事情最秘密的莫过于间谍。因此，不是聪颖睿智的人，不能选用间谍；不是仁厚慷慨的人，不能使用间谍；不是精察细算的人，不能通过间谍得到真实情报。微妙啊，微妙！无时无处不可以使用间谍的。间谍工作尚未进行，先已泄露出去，对间谍和听到秘密的人都要处死。

〔原文〕凡军之所欲击，城之所欲攻，人之所欲杀，必先知其守将、左右、谒者、门者、舍人之姓名，令吾间必索知之。

必索敌人之间来间我者，因而利之，导而舍之，故反间可得而用也。因是而知之，故乡间、内间可得而使也；因是而知之，故死间为诳事，可使告敌；因是而知之，故生间可使如期。五间之事，主必知之。知之必在于反间。

故反间不可不厚也。

〔评译〕本段承上文，言间谍要做的工作和五种间谍之关系。人之所欲杀，指敌方首要人物。守将，指主管将领。谒者，通报传达之官。门者，门卫之官。舍人，守舍之官。要之，这些都是敌国君主和主帅周围的人。

凡是想要攻打的敌方军队，想要攻占的敌国城邑，想要刺杀的敌人首要，必须预先知道其主管将佐、左右亲信、掌管传达的官员、守门官吏和守舍官吏的姓名，指令我方间谍一定要侦察清楚，获得真实情报。

为此，就必须搜查出前来侦察我军的敌方间谍，从而收买利用他，优礼款待他，好言劝导他，然后放他回去。这样，他就成为反间，为我所用了。通过反间了解敌情，这样乡间、内间就可以为我所用了；通过反间了解敌情，这样就能使死间给敌人传送假情报；通过反间了解敌情，这样就可以使生间取得情报后如期归来。对五种间谍作的事，国君必须掌握情况，全都知道。使用五种间谍索取敌方情报，关键在于反间，所以对反间不可不给予优厚的待遇。

〔原文〕昔殷之兴也，伊挚在夏；周之兴也，吕牙在殷。故惟明君贤将，能以上智为间者，必成大功。此兵之要，三军之所恃而动也。

〔评译〕本段收尾，与篇首相呼应，仍强调用间的重要意义。夏、商、周，是我国古代的三个朝代，简称三代。商朝后期迁都于殷，故有称之为殷或殷商者，此处以作商为好。伊挚，应为伊尹。据说，他是夏桀夫人的陪嫁奴隶，因夏桀与其夫人有矛盾，他和夏桀夫人相串通，共同反对夏王桀，向商朝开国君主成汤提供情报。这样，他就成了商汤的间谍。商汤灭夏后，他位居显要，曾左右朝政。伊挚是伊尹的儿子，他与兄弟伊奋同继父业，辅佐商朝。故在夏为间者，不应是伊挚，而是其父伊尹。吕牙，即吕望。这是一位传奇式人物。他是周武王的岳父，曾统帅军队佐武王伐纣，因此被尊为师尚父。他本姓姜，古代男子称氏不称姓，因初封于吕，故称吕望。子牙，其字也，故称吕牙不甚准确。后来他改封于齐，号齐太公，因田氏代齐后，初君田和亦号齐太公，故称他为姜太公以示区别，或称姜子牙，有时亦称姜尚。传世《太公兵法》即托其名而作。至于他是否在商朝为间，查无实据，只可以传奇视之。

从前商朝的兴起，是因为伊尹曾经在夏为间，了解夏朝内情；周朝的兴起，在于姜子牙曾经在商为间，了解商朝内情。所以，明智的国君和贤能的将帅，能用智略无双的人做间谍，必定能成就大功业。这是用兵成败的关键（知彼），整个军队都要靠它提供的敌情来决定应采取的军事行动。

附录一

《孙子兵法》全文译文

计 篇

孙子说：战争是国家的大事，军民死生之所系，国家存亡之关键，对它是不可不严肃对待并认真研究的。

因此，要把握五条经络，对敌我状况进行估量和比较，来探索战争胜负的情势。这五条经络：一是治民之道，二是天时，三是地利，四是将帅，五是法制。

治民之道，在于使民众和君主同心一志，可以和他们共同生，共同死，生死与共而无离异之心。

天时，指适应昼夜阴晴，严冬酷暑，四时节令气候。

地利，指利用路途远近，险要平坦，广阔窄狭，生地死地。

将帅，一看才智谋略，二看军令划一，赏罚明信，三看仁爱部属，四看勇猛决断，五看威严整肃。

法制，指军队的编制部署调度，设官分职用人，军需筹措供应。

凡属这五个方面的情况，将帅都不能不知晓。熟悉掌握这些情况的就能打胜仗，不了解这些情况的则不能取胜。

所以，据上述五个方面的估量和比较，就可从七个方面判断敌我胜负的情势。即：哪一方的君主善于治国安民？哪一方的将帅更有才能？哪一方能得天时地利？哪一方的法令能贯彻实行？哪一方的军队阵容强大？哪一方的士卒更为精练？哪一方赏罚严明公正？我们根据这一切，就能判断谁胜谁负了。

如果听从我的计谋，用来打仗一定胜利，我就留下来；如果不听从我的计谋，用兵打仗一定失败，我就离去。[或译作：将佐听从我的计谋，用他打仗一定胜利，就重用之；将佐不听从我的计谋，用他打仗一定失败，就撤免之。]

依据力量对比制定的有利于我的作战方略被采纳后，就要造就态势，借以将我军之潜能转化为战场上的优势。所谓态势，就是在战争中权衡利弊而作出的各种变化和举措。

用兵的要领在于诡诈。所以，能打装作不能打，要打装作不要打，要向近处装作要向远处，要向远处装作要向近处。

敌人贪利，就用财利去引诱它；敌人混乱，就乘机攻取它；敌人实力大，就注意防备它；敌人兵锋锐，就暂时避开它；敌人来势汹汹，就设法屈弱之；敌人卑辞慎行，就设法使之骄傲；敌人安逸，就设法让它疲劳；敌人内部和睦，就离间之。

要出乎敌人意料地发动攻击，攻击敌人所不防备的地方。这些，是军事家取胜的奥妙，是不能预先传达布置的。

凡是未开战前在宗庙中就预计到能取胜的，是因为在计算敌我力量和条件时，我方得到的算筹多，处于优势；未开战前在宗庙中就预计不能取胜的，是因为我方得到的算筹少，处于劣势。多加筹算就能取胜，筹算不周就不能取胜，何况不作筹算就贸然开战呢！我们根据这些来观察，胜负就了如指掌了。

作　战　篇

孙子说：用兵之费的成法是：如果动用战车千辆，辎重车千辆，甲卒十万，加以千里迢迢去运送军粮，那么前方后方的费用，款待使节食客的花销，作战器材的用度，车辆兵甲的维修开支，每天要耗资巨万（十万钱），然后十万大军才能够出动。

这样出兵作战，日子久了，军队就会疲惫，锐气受挫，无力攻占城池，而军队长期在外也会导致国家财政发生困难。如果军队疲惫，锐气受挫，军力耗尽，财力枯竭，那么各国诸侯就会乘我之衰弊前来侵犯，这时即使有足智多谋的人，也不能挽回这种危局了。

所以，在用兵上只听说过不求工巧而求速胜的，没见过只讲工巧而追求旷日持久的。战争久拖不决而对国家有利的情况，从来不曾有过。所以不完全晓得用兵有害的人，也不可能完全晓得用兵之利。

善于用兵作战的人，不再次征集兵员，不多次运送粮草；武器装备从国内取得，粮草到敌方去夺取，这样，军队的粮草供应就可以充足了。

国家之所以因为用兵而贫困，是由于出师远征就要远道运输，远道运输使得百姓贫困。军队驻地附近物价就昂贵，物价昂贵就会使国家财力枯竭，国家因此就急于加征赋役。在战场上军力耗尽，国内百姓便家室空虚。百姓的资财将会耗掉十分之七；政府的财力，由于车辆的损坏，战马的疲毙，铠甲、箭弩、戟盾、矛橹的消耗补充以及征用丘牛大车，也会损失掉十分之六。

所以聪明的将领，务求从敌方取得粮草供应。消耗敌方一钟粮食，相当于从本国运输二十钟；用掉敌方的一石草料，等于从本国运输二十石。

要使将士英勇杀敌，就应激励士气。要使部队夺取敌方的军资，就得实行奖赏。所以在车战中，凡是缴获战车十辆以上的，就要奖赏最先夺得战车的人，并更换战车上的旗帜，将其混合编入自己的战车队列。对于战俘，要优待和使用他们。这就是所谓越是战胜敌人，就越是能壮大自己。

因此，用兵作战，贵在速战速胜，而不在于持久不决。

所以，懂得用兵之利害的将帅，是民众命运的掌管人，国家安危的主宰。

谋攻篇

孙子说：用兵的一般指导原则是：以迫使敌人举国屈服为上策，攻破敌国在其次；以使敌人整军降服为上策，击垮敌军在其次；以使敌军全旅投降为上策，击溃敌旅在其次；以使敌军全卒投降为上策，打垮敌卒在其次；以使敌军全伍投降为上策，消灭敌伍在其次。因此，百战百胜，还说不上是完善中最完善的；不战而迫使敌人屈服，才真正算是完满而又完满的。

所以，用兵的上策是打破敌人的战争谋略与布署，其次是挫败敌人的外交活动，再次是打败敌人的军队，最下策就是攻打敌人的城池了。

攻城是迫不得已的办法。制造攻城用的大盾和四轮车，准备攻城用的器械，三个月才能完成；构筑攻城用的土山，又要三个月才能竣工。

将帅按捺不住自己愤怒的情绪，挥令士卒像蚂蚁一样爬梯登城，以致士卒伤亡了三分之二而城池仍然攻不下来，这就是攻城带来的灾难。

所以，善于用兵的人，制服敌军不靠拚打，克服敌城不靠强攻，摧毁敌国不靠久战。必须用全胜的谋略争得天下。所以军队不致疲惫受挫，就能大获全胜。这就是以谋略攻敌的基本原则。

所以，用兵作战的原则是：有十倍于敌的兵力就围困敌人，有五倍于敌的兵力就进攻敌人，有加倍于敌的兵力就全力战胜敌人，敌我力量相当就设法分散敌人兵力，兵力少于敌人就坚壁固守，实力不如敌人就避而不战。

所以，弱小之军不管如何坚强顽抗，总会成为强大敌人的俘虏的。

将帅是君主治国安邦的辅佐，辅佐密切周全，国家就一定强盛；辅佐疏漏不周，国家必然衰弱。

国君能够危害军事行动的有三种情况：不了解军队不可以前进而强令之前进，不了解军队不可以后退而强令之后退，这叫做系绊军队。不了解三军之事务而统三军之政令，将士就会发生迷惑；不了解三军之权谋而领三军之重任，将士就会产生疑虑。将士迷惑而又疑虑，各国诸侯就要乘机发难来进犯了。这叫做迷敌之军，自取灭亡。

能够预知胜利的情况有五种：知道可以打或不可以打的，能够取胜；知道兵力多少如何调用的，能够取胜；官兵上下同心协力的，能够取胜；以有备对付无备的，能够取胜；将帅有指挥才能而君主不加牵制的，能够取胜。这五项，就是预知胜负的方法。

所以说，既洞悉敌方，又实知我方，百战都不会陷入危局；不了解敌方，能认识自己，则有胜有负，胜负参半；既不了解敌方，又不了解我方，那就每战都有失败的危险。

形　篇

孙子说：从前擅长用兵的人，先要做到不会被敌人战胜，然后再伺机去战胜敌人。不被敌人战胜取决于己，能不能战胜敌人还要看对方是否有隙可乘。所以高明的用兵者，只能做到自己不可战胜，而做不到敌人一定会被战胜。所以说，胜利可以预见，但不可强求于敌。

要不被敌人战胜，就要加强防御；要战胜敌人，就得发动攻势。敌人兵力多，就采取守势；敌人兵力少，就采取攻势；善于防守的人，隐蔽自己的兵力如在九地之下；善于进攻的人，施展自己的兵力如从九天而降。这样，既能保全自己，又可取得完全的胜利。

预见胜利超不出一般人的见识，算不得是高明中之最高明的。激战胜敌后，普天下人都说好，算不得是完满中之最完满的。这就好比能举起一根秋毫称不上力大，能看到日月算不得眼明，能听到雷霆声谈不到耳聪一样。

古时候所说的善于作战的人，都是由于敌人容易被战胜而取得胜利的。因此，他们的胜利并不出奇，不以智谋著称，也没有赫赫战功。他们之所以能取胜，是因为没出差错。所谓没出差错，只不过是他们有必胜的措施，去战胜处于失败地位的敌人而已。所以善于指导战争的人，总要使自己处于不败的地位，而不放过处于失败地位的敌人。因此，常打胜仗的军队是先握胜券而后同敌人交战的，失败了的军队是先贸然与敌人交战而企图侥幸得胜的。

善于指导战争的人，必然要修明政治，确保法制，所以能够掌握胜败的决定权。法制可分五点：一是度田，计算国土面积；二是物产和财力之量的大小；三是军赋和兵力之数的多少；四是称量敌我双方实力之轻重；五是胜利归于哪一方。从国土幅员大小可以度量出土地面积的井数来（古度田用井地之法），从土地面积的井数可以计量出人口与物产来，从人口与物产可以计算出军赋与兵力之多少来，从军赋与兵力之多寡可以称量出实力的强弱优劣来，而胜负是不同的军事实力较量的结果。所以，胜利的军队较之于失败的军队就像以镒称铢那样处于绝对优势，失败的军队较之于胜利的军队就像以铢称镒那样处于绝对劣势。军事实力强大的胜利者，其部队出动作战，就像决开万丈高山上的溪涧积水一样倾泻而来，这就是军事实力所展现的“形”。

势　篇

孙子说：统帅大部队如同带领小部队一样，是因为有良好的组织编制；指挥大部队如同指挥小部队一样，是因为有严明的号令。能够使三军之众在四面受敌时不致于失败，是由于奇正变化得法，以实击虚，其兵锋所加，如以石击卵一样，所向披靡，瓦解敌人。

一般说来，战争总是双方正面对阵，以奇取胜。所以善于出奇制胜的将帅，其奇正的变化就像天地那样无穷无尽，像江河那样永不枯竭。终而复始，如同日月之运行；逝而又来，如同四时之更迭。声乐不过宫、商、角、徵、羽五个音阶，五音的变化则听不胜听；颜色不过红、黄、青、白、黑五种色素，五色的变化则看不胜看；滋味不过咸、甜、酸、辣、苦五种味道，五味的变化则尝不胜尝。作战的态势不过奇正，奇正的变化是不可穷尽的。奇正相互转化，交互而生，就像无始无终的链环一样，有谁能穷尽它呢？

湍急的水流奔泻而下，以致能漂动石块，这是由于快速的水势。雄鹰飞快的搏击，以致能捕杀鸟雀，这是由于峻急凶猛的节势。所以善于指挥作战的人，他所造成的进攻态势是险峻的，出击的节奏是急促的。险峻的态势就像张满的弓弩，急促的节奏就像扳动弩机。[一触即发，势不可挡]

在人马纷纭的战场上，敌我交互厮杀，阵线混乱，本军的部伍组织切不可乱；在浑沌迷蒙的环境中作战，要阵形周全，连环衔接，互相呼应，才不致于失败。战场上，一方队伍的溃乱产生于对方队伍的严整，一方的怯懦产生于对方的勇猛，一方的弱小产生于对方的强大。军队的治与乱，是组织编制问题；勇与怯，是作战态势问题（如主动进攻与被动防守）；强与弱，是实力大小和兵力配备布署问题。

善于调动敌人的将帅，制造假象蒙骗敌人，敌人必然上当；故意引诱敌人，敌人必然上钩入网。这样来调动敌人，而后用布置好的重兵掩击之。[其胜必矣]

所以善于指导战争的将帅，总是设法创造有利的战势，而不苛求于部属，因此他能不考虑人数多少去利用并创造有利的战势。善于利用战势的将帅，其指挥对敌作战，就像滚动木头、石头一般。木、石的特性是：放在平坦的地方就静止，放在陡峻的地方就滚动；方形的容易停顿，圆形的滚动不息。所以善于指挥对敌作战者的战势，其威力就像转动圆石从万丈高山上滚下来一样。这就是战争中所说的势。

虚 实 篇

孙子说：凡是先进据战地而蓄力等待敌人的就安闲从容，后进入战地而仓忙应战的就疲窘无力。所以善于指挥作战的人，总要设法调动敌人而不为敌人所调动。

能使敌人自行到达我预定地域的，是以利诱之的结果；能使敌人不得到达其预定地域的，是设置障碍阻挠其行动的结果。所以敌人休整得好能使之疲劳，敌人粮食充裕能使之饥饿，敌人驻扎安稳能使之转移，之所以如此，是由于出击了敌人必然来战的地方。

行军千里而不致于劳顿，因为走的是没有敌人阻挠的路线；进攻而必然会得手，因为攻的是敌人没有设防的地区；防守能牢不可破，因为守的是敌人必来进犯的地方。

所以善于进攻的，敌人就不知该怎么防守；善于防守的，敌人则不知该怎么进攻。微妙啊，微妙到没有形迹；神奇啊，神奇到没有声息，因此能成为敌人命运的主宰。

前进时势不可挡，是因为突击敌军防线的空档（结合部）；后撤时势不可追，是因为速度快到让敌人赶不上。

所以我军要打，敌人即使深沟高垒，也不得不出来同我作战，这是因为我打在敌人势在必救的地方；我军不想打，即使画地而守，敌人也无法来同我作战，这是因为我转移了敌人进攻的方向。

所以善于统兵作战的人，总是想方设法让敌人充分暴露而自己则深藏不露，这样我军的兵力就可以集中而敌人的兵力就不得不分散。我军集中在一处，敌军分散在十处，就能用十倍于敌的兵力攻其一部了。这样，即使我寡敌众，我也能以众击寡，因为正面向我军作战的敌人是有限的。

我军所要与敌作战的场合敌人不得而知，不得而知，那么敌人所要防备的地方就多了。敌人要防备的地方多，那么我军所要攻击的敌军就少了。

所以，防备了前面，后面的兵力就单薄；防备了后面，前面的兵力就单薄；防备了左翼，右翼的兵力就薄弱；防备了右翼，左翼的兵力就薄弱；处处都防备，就处处都薄弱。

我兵力不足，是因为被迫分兵防御；我兵力充裕，在于迫使敌人分兵防御。

所以，能预知交战的地点，预知交战的时间，即使远行千里，也可同敌人交战。事先不知在什么地方打，在什么时间打，那就左翼救不了右翼，右翼救不了左翼，前面救不了后面，后面救不了前面；何况远者只有数十里，近者只有数里呢？

依我所料，越国的兵力虽多，对争取战争的胜利又有什么补益呢？

所以说，胜利在于人为。敌军虽多，可以迫使它无法同我进行较量。

所以，筹算一下，可以知道敌人计筹之得失；挑动敌军，就可了解敌人活动的规律；现敌阵形，就能知道敌人的生地和死地所在；角斗一下，就可知敌人兵力分布的有余不足之处。（这样，敌情就全在我掌中了）

所以，制造假象到了绝顶，可以没有真象；没有真象，就连潜伏的间谍也无法窃得情报，再高明的敌人也无法巧设机关了。

根据敌军情况来确定我军应采取的作战态势，广大士卒是不知道的；他们都知道我军之所以胜敌的作战态势，但不知为什么要采取这种作战态势。因敌制胜，所以制胜之法不会重复，而是适应不同的情况，变化无穷。

用兵之法就像流水一样，水的流势是绕过高处向低处流；战争的态势，是避开敌人兵力密集守御之处而击其兵少备懈的部位。水因地势高低而成就其流动的形态，作战则根据敌情变化来确定相应的取胜措施。所以，作战没有一成不变的势态，没有恒久不改的模式。能因敌情而变化其制胜之法者，就叫做用兵如神。这就像五行相生相克中没有一个能保持常胜，四季更替中没有一个能固定不移，白天长短不同，月亮有晦望圆缺一样。

军争篇

孙子说：按一般的用兵原则，主帅接到国君的委任，就征集民众，组成军队，开赴前线与敌人对阵，在这个过程中没有比争取先机之利更困难的了。

争取先机之利的难处在于，把走迂回的道路变为走直路，把有害变为有利。这就要用伪装佯动骗取敌人去走弯路，以利诱敌而摆脱其阻挠，结果就能后敌出发而先到达交战要地，这就算是懂得运用迂直的计谋了。

所以军争既是有利的，也是危险的。如果全军带着全部军需装备去争利，就不能如期到达交战要地；如果放下军需装备去争利，辎重就会遭到损失。因此，卷甲急进，日夜不休，倍道兼行，距上百里去争利，三军将领都可能被俘；士卒强壮的先到，疲弱的掉队，结果只能到达十分之一。赶上五十里去争利，上军将领可能折损，士卒只有半数能赶到。赶上三十里去争利，只有三分之二的士卒能赶到。再说，军队没有辎重就不能生存，没有粮食就不能生存，没有物资供应就不能生存。(可见，军争也有失败的危险)

所以不了解各国诸侯的战略企图，不能预先进行交结；不先熟悉山林、险阻、水网、沼泽等各种地形，不能行军；不雇用向导的，不能得到地利。

用兵要以诡诈取胜，根据利害采取行动，按分散和集中兵力的方法变换战术。所以行动快时如疾风，慢时如森林；进犯敌营如烈火，坚守壁垒如山岳；荫蔽时深不可测，发动攻击则如雷霆。掳掠乡邑，要分兵活动；开拓疆土，要扼守有利地形；权衡利害得失，然后相机行动。

要之，事先懂得迂直之理的就能夺得胜利，这就是军争的原则。

《军政》中说："作战时用语言指挥听不见，所以要设置金鼓；用动作指挥看不见，所以要设置旌旗。"因此，夜战多用金鼓，昼战多用旌旗。所以要用金鼓旌旗，是以此统一全军的行动的；全军视听集中，行动统一，那么，勇敢的士卒就不能任意单独前进，怯懦的士卒就不敢单独后退了。这就是指挥大部队作战的方法。

对于敌人的军队，可以使其丧失士气；对于敌人的将领，可以使其丧失心计。

军队投入战场时士气旺盛，过一段时间就逐渐懈怠，最后士气就衰竭了。所以善于用兵的人，要避开敌人的锐气，待到敌人懈怠士气衰竭时攻击之，这就是把握士气的方法。用我军之严正对付敌军之混乱，用我军之镇静对付敌军之轻躁，这就是掌握军心的方法。用自己部队接近战场准备好对付远道而来的敌人，用自己休整好的部队从容对付征途劳累的敌人，用自己饱食过的部队对付饥饿的敌人，这就是控制军队战斗力的方法。不要去截击旗帜整齐、行伍雄壮的敌人，不要去攻击阵容堂皇、实力强大的敌人，这就是随机应变的方法。

用兵的方法是：敌人处于高陵时不要仰攻，敌人背靠高地时不要从正面攻，敌人佯败时不要去追击，敌之精锐不要去攻，敌之诱兵不要理睬，敌军退回本国时不要迎头阻击，包围敌军要虚留缺口，敌军已到绝境时不要逼得太紧。这些，都是用兵的法则。

九 变 篇

孙子说：按一般的用兵原则，主帅接到国君的命令，就集合士众，组成军队，立即出征。征途中遇到圮地不要宿营，到衢地要交结友邻诸侯为外援，在绝地上不要停留，进居围地就巧为计谋，到了死地就要力战求生。（这样，就能得地之利）

有的路可走而故意不走，有的敌军可打而故意不打，有的城池可攻而故意不攻，有的地盘可争而故意不争，国君的命令应当接受而有些则不予接受。

所以，将帅能精通以上各种非常规作战方式的运用，就知道怎么用兵了。

将帅不精通以上各种非常规作战方式的运用，即使了解地形，也不能得到地利。

指挥军队不知道各种非常规作战方式，虽然知道上述“五利”，也不能充分发挥人力的作用。

因此聪明的将帅考虑问题，必然兼顾到利害两个方面。在不利情况下看到有利方面，作战任务就可顺利完成；在有利情况下看到不利方面，祸患才可解除。

要使各国诸侯屈服，就得对它加以危害；要使各国诸侯无力对我，就得驱使它去做别的事情；要使各国诸侯受我牵制，就得动之以利。

所以，用兵的准则是：不要寄希望于敌人不敢来，而要依赖于自己的充分准备；不要寄希望于敌人不会进攻，而要依赖于自己有不可攻的实力。

将帅身上有以下五种弱点，将是非常可怕的。即：只知死拚，就可以诱杀；贪生怕死，就可以俘虏；暴躁易怒，就可以轻侮取之；廉洁好名，就经不住污辱；爱民备至，会受到烦扰而不得安宁。以上五点，是将帅的过错，也是用兵的灾难。军队覆灭，将帅被杀，必然出自这五种危险，这是不可不加以充分认识的。

行军篇

孙子说：一般地讲，在行军作战途中扎营，要考虑到敌情。途经山地，必须靠近谿谷，驻在背山面水地方；敌人占据的高地，不要去仰攻。这是在山地扎营对敌应采取的处置。

横渡江河，应远离水流结营布阵；敌渡水来战，不要在它渡水时迎击，要等它渡过一半时再攻击，这样更有利；如要同敌人决战，不要紧靠水边列阵；在江河地带扎营，也要居高向低；不要面向水流。这是在江河地带扎营对敌应采取的处置。

通过盐碱沼泽地带，行动要迅速，不要逗留。如果在盐碱沼泽地带同敌军遭遇发生战斗，那就必须贴近水草而背靠众树。这是在盐碱沼泽地带行军遇敌时应采取的措施。

在平原上应占据开阔地域，右翼要依托高地，前低后高，这就是在平原上结营布阵应采取的处置。

以上四种处置军队的优胜之处，就是黄帝分别战胜赤帝、青帝、白帝、黑帝的原因。

凡是驻军，都喜欢高亢干燥之处，讨厌潮湿低洼之地；重视向阳之处，鄙弃阴暗之地；生存环境好，军需供应足。这样，将士百病不生，兵强马壮，胜利就有了可靠的保证。

行军到有丘陵堤防的地方，必须占据其向阳的一面，并把右翼背靠着它。这是凭借地形采取的克敌制胜的措施。

江河上游下雨，冲来水沫，要禁止徒涉，待水势平稳了再渡河。

遇到天涧、天井、天牢、天罗、天陷、天隙，务要迅速离开，不要接近。我军要远离这种地方，让敌人去靠近它；我们应面向这种地形，让敌人背靠着它。

行军中遇到险阻、湖沼、芦苇丛、山林和草木繁茂的地方，必须谨慎地反复进行搜索，这些都是敌人有可能隐伏奸细的处所。

敌人近我而安静的，是仗恃它占据着险要地形；敌人远我而来挑战的，是想诱我前进。敌人所以要驻扎在平坦地方，是因为这样对它有利。众多树木摇动，是敌人荫蔽来攻；草丛中有许多障碍物，是敌人故设疑兵。群鸟惊飞，是下面有伏兵；野兽骇奔，是敌人前来突袭。尘土高而尖，是敌人战车驶来；低而宽阔，是敌人徒兵开来；散而疏朗，是敌人曳柴而来；少而来往飘浮，是敌人在安营扎寨。敌人对我言辞谦卑而背后加紧战备的，是准备进攻；措辞强硬，而表面在驰骋进逼的，是准备撤退。敌战车先出动列于两侧的，是在布阵；没有约定就来请和的，是要玩阴谋；频繁调动兵力布阵的，是想近期决战；进进退退的，是企图引诱我军。敌兵倚着兵杖站立，是饿坏了；水夫汲水先饮的，是渴极了；见利而不来争的，是累垮了。鸟雀在敌营寨上成群聚栖，是营空了；敌军夜间惊叫，是恐惧的表现；敌营中无故惊扰，是敌将缺乏威重的表现；旗帜摇动无规律，是敌人队伍已经混乱；敌军官轻易发怒，是厌战的表现。用马肉作食物，连汲水器都没有，又不返回营舍的，是走投无路的穷寇。同部下谈话有气无力，半吞半吐，是敌将失去人心的表现；不断犒赏士卒的，是处境窘迫的表现；不断惩罚部属的，是陷入困境的表现。先对部下打骂惩处而后又害怕部下的，是最不精明的将领。

敌人派使者来委质谢罪的，是想休兵息战。敌军逞怒来与我对阵，但久不交锋又不撤走的，必须谨慎地观察它的企图。

打胜仗不在于有过多的兵力，只要不逞强冒进，有足够集中的兵力、洞悉敌情、能取胜于人而已。那种既不虑略而又轻敌的人，必然为人所擒。

士卒还没有亲附就施行处罚，他们便会不服，不服就很难调用；士卒已经亲附，仍不执行法纪，也就无法调用了。所以，要施加恩德使他们归心，严明法纪使他们行为整肃，这就叫做必胜之军。平素能贯彻命令，管教士卒，士卒就会养成服从的习惯；平素不能贯彻命令，管教士卒，士卒就会养成不服从的习惯。命令能一贯执行下去的，是将帅与士卒之间关系融洽的表现。

地形篇

孙子说：用兵作战的地形有：通形、挂形、支形、隘形、险形、远形，共六种。

我军可以去，敌人可以来的作战地形，叫做通形。在通形地域上，应先占据阳光充裕的高地，保持粮道畅通，这样作战就有利。

可以前往，难以返回的作战地域，叫作挂形。在挂形地域，如果敌不设备，就突然出击，战而胜之；如果敌人有备，出击不可能取胜，又难以返回，就不利了。

我军前出不利，敌军前出也不利，这种作战地形叫做支形。在支形地域，即使敌人诱我前出，我也不能出，要佯装引军而去，让敌人出来一半时再迅速回兵击之，这样就有利了。

隘狭之地，如我军能抢先占领，就必须以重兵扼守隘口，等待敌人前来。如果敌人抢先占领了，并以重兵扼守着隘口，我就不要去打；如果敌没有重兵封锁隘口，那就可以打进去了。

险峻之地，如果我先占领，必须据守高阳之所，等待敌人前来；如果敌人先占领了，我就应引兵撤退，不要去打了。

远形作战地域，双方地势均同，难以向敌挑战，勉强去打，是不会有利的。(两败俱伤或打成平手)

以上六项，是利用地形作战的原则。这是将帅的重大责任所在，作将帅的切不可不认真地予以考察和研究。

军事上有走、驰、陷、崩、乱、北等六种失败情况。这六种情况，都不是由自然环境发生灾害造成的，而是将帅本身的过失带来的后果。

在地理形式上有同等机遇而以一击十的，必然败逃，这就叫走。士卒强悍，军官懦弱的，队伍必然松懈，这叫做弛。军官强悍，士卒懦弱的，必然战斗力差，这叫做陷。偏将怨怒而不服从调遣，遇到敌人愤然擅自出战，主将又不了解他的能力，临战必然崩溃，这就叫做崩。将帅软弱没有威严，治军没有章法，官兵关系不正常，布阵横七竖八，必然不战自乱，所以叫做乱。将帅对敌情心中无数，以少对众，以弱击强，前锋又没有精锐分队，这就必然失败，故名曰北。

以上六种情况，都有其失败的原因。将帅对此负有重大责任，这是不可不认真考察研究的。

一般说来，地形是用兵的凭借（舞台）。所以，料敌制胜，考察地形险易，计算道路远近，是高明的将领必须掌握的方法。懂得这些道理去指挥战争的，必然会胜利；不懂得这些道理就指挥战争的，必须要遭到失败。

按照战争胜负之理定能胜利的，即使国君命令不打，也要坚持去打；按照战争胜负之理取胜无望的，即使国君命令去打，也要坚持不打。进不贪图战胜的名声，退不回避违命的罪责，只求保全民众，以国君的利益为指归，这样的将帅，才是国家的宝贵财富。

看待士卒像婴儿一样，就可与士卒共赴艰险；看待士卒像爱子一样，就可与士卒同生共死。对士卒厚待而不加使用，爱护而不加管教，违犯法纪而不予惩治，那士卒就会像娇惯的子女一样，是不能用来作战的。

只晓得自己的部队可以打，而不知道敌人不可以打，胜利的可能性只有一半；只了解敌人可以打，而不知道自己的部队不能打，胜利的可能性也只有一半；知道敌人可打，也知道自己的队伍能打，而不了解地形不利于作战，胜利的可能性还是只有一半。所以懂得用兵的人，他的行动决不会迷惑不定，他的举措就会无穷无尽。故而说，既了解敌方，又了解我方，胜利就不会有危险；晓得天时，晓得地利，胜利就可保万全。

九 地 篇

孙子说：用兵的原则要考虑所在的地域，其中有散地、轻地、争地、交地、衢地、重地、圮地、围地、死地。

诸侯在本国境内作战的地区，叫做散地。进入敌国不深的地区，叫做轻地。我军得到有利，敌军得到也有利的地区，叫做争地。我军和敌军都可以来往的地方，叫做交地。多国交界地方，先到达就可以得到列国诸侯援助的地区，叫做衢地。深入敌境，贴近敌人众多城邑的地方，叫做重地。山岭、森林、险阻、沼泽等难于通过的地区，叫做圮地。进军的道路狭隘，退回的路线迂远，敌人能对我以少击众的地区，叫做围地。奋勇急战才能生存，稍有松懈就会覆没的地区，叫做死地。

因此，在散地要避免作战，在轻地不要停留，遇争地不要与敌对攻，过交地部队不要断绝联系，到衢地应交结诸侯，入重地就掠取粮秣，遇圮地就迅速通过，逢围地要善用计谋，陷入死地就拚命死战以求生存。

传说古时善于指挥作战的人，能使敌军前后部队不相策应，主力和分翼互不支持，官兵互不救援，主帅与下级互不联络，士卒溃散时不能集合，会战时阵形摆不整齐。

主帅要做到，对我有利就打，对我无利就按兵不动。请问：“如果敌军众多并且阵势严整地向我前进，用什么办法对付它呢？”答曰：“先夺取它不可割舍之所在，就能使它听从我的摆布了。”

用兵之理，贵在神速，乘敌人措手不及的时机，走敌人意料不到的道路，攻击敌人没有戒备的地方。

凡是进入敌境作战的军队，其规律是：进入敌境越深，就越是能齐心合力，敌人就越是不能战胜我军。在丰饶的田野上掠取粮秣，全军就有足够的给养。注意休整部队，不使过于疲劳，养精蓄锐，提高士气。运用兵力要精于计谋，使敌人摸不到底细。

将部队置于走投无路的绝境，士卒宁死也不会败退。既然士卒宁死不退，怎能得不到武士们尽力而战呢？士卒陷入危险境地，就不恐惧；无路可走，军心就会稳固；深入敌境，大家就会拧成一团；迫处绝地，必然奋力战斗。这种情况下的部队，不须整饬，自能注意戒备；不加强制，就可得其死力；无须约束，就能亲如手足；不待申令，就会严守纪律。要禁止求神问卜，取缔惑疑言论，他们面对死亡也不会退避。我军将士没有多余的财物，并不是不爱财物；没有多余的性命可以牺牲，也不是不想长命。当作战命令下达的时候，士卒们坐着的泪湿衣襟，躺着的泪流满面。但一旦把他们投到无路可走的绝境，他们就会像专诸和曹刿一样的勇敢了。

所以善于统率军队作战的人，其部队在战场上就像率然蛇。率然是恒山地方的一种蛇。这种蛇，打它的头部，它的尾部就来救应；打它的尾部，它的头部就来救应；打在腰中，它的头尾都来救应。请问："军队也可以使像率然一样吗？"回答是："可以。"例如，吴国人和越国人本是相互仇恨的，但当他们同舟渡河的时候，他们互相救援就像一个人的左右手一样。因此，想用圈起战马，埋掉车轮的方法，向部队表示死战的决心，那是靠不住的。要使部队官兵都同样勇猛，靠的是治军有道；要使部队在什么地方都能作战，在于充分利用地理环境。所以善于用兵的人，能使全军携起手来像一个人一样，这是因为战场形势迫使部队不得不这样。

军事统帅应做到：思考冷静，谋略深邃；公正严明，处变不乱。要能蒙蔽士卒的视听，使他们对军机事务毫无所知。变更作战部署，改变原定计划，使他们看不破机关。经常改换驻地，故意迂回行进，使他们猜不到意图。主帅赋予部属任务，不要继续加以扶持，就像登高而抽掉梯子一样。将帅令士卒深入敌国境内，就像击发弩机射出的箭一般，勇往直前。对士卒如同驱赶羊群，赶过去，赶过来，让他们不知道要去哪里。统领全军，投入险境，这就是主帅的任务。

九种战略地域的不同举措，攻防进退的利害得失，全军上下的心态情绪，这些都是将帅不能不仔细观察并认真研究的。总的说来，作客军的情理是：进入敌境越深，军心就越是稳固；进入敌境越浅，军心就越是容易涣散。离开本国去敌境作战，就算是到了绝地：其中四通八达的地区谓之衢地，进入敌境深者就到了重地，进入敌境浅者算是轻地，背有险固前阻隘路的谓之围地，到处无路可走的则是死地。因此，在散地上，要统一部队意志；在轻地上，要使部队营帐互相联接；在争地上，要使后续部队迅速跟进；在交地上，要小心谨慎防守；在衢地上，要巩固与邻国的交结；进入重地，要抓紧补充粮秣；行经圮地，要快速前进早点通过；陷入围地，要严密把守缺口；到了死地，就要挥动士卒去拚命死战。

敌人之情则是：被包围就会抵抗，穷迫了就要战斗，陷入绝境只得降顺了。

不了解各诸侯国的战略图谋，就不要贸然与之结交；不熟悉山林、险阻、沼泽等地形，就不要盲目行军；不雇用向导，就得不到地利。

以上敌我四、五各项，只要有一项不知道，就谈不上是王霸之国的无敌军队。

所谓王霸之军，征讨大国时能使敌人的军民来不及动员集中；兵威加在敌人头上，就能使它的同盟不敢来配合策应。因此，不必去交结诸侯，不须培植诸侯势力，只要能放手发展壮大自己的力量，把兵威加在敌人头上，就可以拔取敌人的城邑，毁坏敌人的国都。

在战场上，要施行超出成法的奖赏，颁布打破常规的号令，调动指挥三军之众就像使唤一个人一样。只赋予属下作战任务，而不告诉他们战略意图；只赋予他们危险任务，而不告诉他们如何变害为利。把士卒置于危地，才能转危为安；陷士卒于死地，才能转死为生。军队只有赴危犯难，然后才能夺得胜利。所以，指挥战争的关键，就在于仔细考察敌人的战略意图，集中兵力于战略主攻方向，长途奔袭，杀其将帅，这就是所谓巧妙用兵，以奇取胜的问题。

因此，在发动战争的时候，要封锁关口，折毁通行符节，不许敌国使者往来；在庙堂上反复谋划，作出战略决策。敌边境一旦出现空隙，就迅速乘虚而入。要先物色敌军亲信为内应，秘密与之达成默契，进入敌境后就打破常规跟踪敌军，到预定地区一举而歼灭之。因此，战争开始之前就像处女那样沉静柔和，诱使敌放松戒备，打开门户；战争爆发之后，要像逃脱的野兔一样疾驰而前，使敌人措手不及，无法抗拒。

火攻篇

孙子说：火攻的形式一般有五种：一是火烧敌军人马，二是火烧敌军粮草积储，三是火烧敌军辎重，四是火烧敌人仓库，五是火烧敌军粮道。发火必须有相应的材料器具，这些东西要在平时就准备好。放火要看天候，行火要看日子。天时指气候干燥，日子要选在月亮行经箕、壁、翼、轸四座星宿的时候。月亮行经这四座星宿的时候，通常就是起风的日子。

凡是火攻，必须根据五种不同的情况而采取相应的军事举措。从敌营内部放火，要事先把兵力布署在外围，及时发起进攻。敌营内部的火起来了而其部队镇静如常，要暂时按兵不动，待火势极盛时，看情况可攻则攻之，不可攻就罢休。火可以从外面放，这就无须等待内应，只要适时放火就行了。从上风放火时，不要从下风进攻。白天风刮久了，夜间就会停息。（不要等夜晚放火进攻）军队必须懂得灵活运用这五种火攻情势，准确把握火攻的时数。

军队以火助攻，其攻势炎烈；以水助攻，其攻势强劲。水可以分割隔绝包围敌人，但不能毁灭敌人。

凡战胜敌人，夺取了城邑土地，而不能加以治理，巩固战果的，反倒是一场灾祸，这叫做徒劳无益的费留（流）。所以说，贤明的国君要认真考虑这个问题，优良的将领要慎重处理这个问题。不是有利不行动，非有所得不用兵，不是危迫不开战。国君不可因一时愤怒而发动战争，将帅不可因一时气忿而出阵作战。符合国家利益就发兵，不符合国家利益就息兵。愤怒还可以转而欢喜，气忿还可以转而高兴，国亡了就不能复存，人死了就不能复生。所以，对战争问题，贤明的国君要保持慎重，优良的将领要保持警惕，因为这是安定国家、保全军队的大事情。

用 间 篇

孙子说：凡兴兵十万，出征千里，百姓的花费，公室的开支，每天要耗费千金；举国都被牵动，无数人在转输道上疲于奔命，每年不能正常从事耕稼的有七十万家。这样和敌人对峙数年，无非是为了决胜于一旦，如果吝惜爵禄和金钱，不肯重用间谍去探明敌情，那就是不仁到极点了。这种人，不配作军队的统帅，称不上是国君的辅佐，决不会成为胜利的主宰。

那些明君贤将，之所以能举兵就战胜敌人，功业超出众人的原因，就在于事先了解敌情。要事先了解敌情，不可祈求于鬼神，不可拿类似的事情作形式类比进行推测，不能用星相运行度数去验证，必须取之于间谍，从他们那里获取敌情。

国家用于军事方面的间谍共有五种：有乡间，有内间，有反间，有死间，有生间。这五种间谍同时分别使用起来，谁都捉摸不到，无从揣测，莫名其妙，堪称神灵之理。这是国君安国全军、制胜敌人的一大法宝。

所谓乡间，就是利用敌人的乡邻亲朋作间谍。所谓内间，就是利用敌国官吏作间谍。所谓反间，就是利用敌国间谍作间谍。所谓死间，就是制造假情报，让潜入敌营的我方间谍传给敌间，让敌人落入我之圈套，如敌人发现中我之计，我间不免要被处死。所谓生间，就是探明敌情就回来报告的间谍。（这种间谍一般都可生还）

所以在全军之中和主帅关系最亲近的，莫过于间谍，奖赏最优厚的莫过于间谍，事情最秘密的莫过于间谍。因此，不是聪颖睿智的人，不能选用间谍；不是仁厚慷慨的人，不能使用间谍；不是精察细算的人，不能通过间谍得到真实情报。微妙啊，微妙！无时无处不可以使用间谍的。间谍工作尚未进行，先已泄露出去，对间谍和听到秘密的人都要处死。

凡是想要攻打的敌方军队，想要攻占的敌国城邑，想要刺杀的敌人首要，必须预先知道其主管将佐、左右亲信、掌管传达的官员、守门官吏和守舍官吏的姓名，指令我方间谍一定要侦察清楚，获得真实情报。

为此，就必须搜查出前来侦察我军的敌方间谍，从而收买利用他，优礼款待他，好言劝导他，然后放他回去。这样，他就成为反间，为我所用了。通过反间了解敌情，这样乡间、内间就可以为我所用了；通过反间了解敌情，这样就能使死间给敌人传送假情报；通过反间了解敌情，这样就可以使生间取得情报后如期归来。对五种间谍所作的事，国君必须掌握情况，全都知道。使用五种间谍索取敌方情报，关键在于反间，所以对反间不可不给予优厚的待遇。

从前商朝的兴起，是因为伊尹曾经在夏为间，了解夏朝内情；

周朝的兴起，在于姜子牙曾经在商为间，了解商朝内情。所以，明智的国君和贤能的将帅，能用智略无双的人做间谍，必定能成就大功业。这是用兵成败的关键（知彼），整个军队都要靠它提供的敌情来决定应采取的军事行动。

附录二

银雀山汉墓竹简《孙子兵法》释文

——摘自文物出版社 1976 年版银雀山汉墓竹简《孙子兵法》

此根据 1972 年山东临沂银雀山汉墓出土的《孙子》残简整理而成，分上下两编。上编为《孙子》十三篇，下编为《孙子》佚文。释文中篇题，未加〔 〕号的，为原有篇题；加〔 〕号的，为原书编者补加。释文中的□号，表示残简中无法辨识的字；□号外加〔 〕号的，表示竹简残断而缺去的字；……号表示由于竹简残断缺五字以上或缺整简。根据上下文补出的缺字也用〔 〕号表示。假借字和古本字的注释用（ ）号。

上　编

〔计〕

〔□□〕曰：兵者，国之大事也。死生之地，存亡之道，不可不察也。故轻（经）之以五，效之以计，以索其请（情）。一曰道，二曰天，三曰地，四曰将，五曰法。道者，令民与上同意者也，故可与之死，可与之生，民弗诡也。天者，阴阳、寒暑、时制也，顺逆、兵胜也。地者，高下、广陕（狭）、远近、险易、死生也。将者，知（智）□……曲制、官道、主用也。凡此五者……孰能？天地孰得？法〔□□□□□〕孰强？士卒孰练？赏罚孰明？吾以此知胜……用而视（示）之不用，近而视（示）之远，〔远〕而视（示）之近。利而诱之，乱而取之，□〔□□□□□□〕□之，怒而诜（挠）之，攻其……少□□□亢弃……

作　战

孙子曰：凡用兵之法，驰□千驷……里而馈馒（粮），则外内……车甲之奉，曰□□□内□……用战，胜久则顿（钝）……起，虽知（智）者，不能善其后矣。故……未有也。故不尽于知用兵……馒（粮）于敌〔□□〕食可足也。国之贫于师者，远者远输则百姓贫；近市者贵□□□□则□及丘役。屈力中原，内虚于家。

百〔□□〕费，十去其六……石。故杀适（敌）□……车战……卒共而养之，是胃（谓）胜敌而益强。故……

〔谋　　攻〕

……其下攻城，〔攻〕城之法，修橹……□□三月而止□距闉有（又）三月然……戋（灾）也。故善用兵者，诎（屈）人之兵而非战〔□□□□□□〕而非攻也，破人之国而非……天下，故……战之……所以患军……瀃（既）疑，诸侯之……知可而战与不可而战，胜。知众……以虞待不……故兵知皮（彼）知己，百战不……

刑（形）

（甲）

孙子曰：昔善……适（敌）之可胜。不可胜在己，可胜在适（敌）。故善者……□使适（敌）可胜。故曰：胜可智（知）〔□〕不可为也。不可胜，守；可胜，攻也。守则有余，攻则不足。昔善守者，臧（藏）九地之下，动九……众人之所知，非善……曰善，非□□也。举〔□□□□□□〕力，视日月不为明目，闻雷霆不为葱（聪）耳。所胃（谓）善者，胜易胜者也。故善者之战，无奇〔□〕，无智名，无勇功，故其胜不贷（忒）。不〔贷（忒）〕者，……□□胜□后战，败〔□□□〕而后求胜。故善者修道□□法，故能为胜败正。法：一曰度，二曰量，三曰数，四曰称，五曰胜。地……胜。胜兵如以洫（镒）称朱（铢），败兵如以朱（铢）称洫（镒）。称胜者战民也，如决积水于千邪（仞）……

（乙）

……□适（敌）之可胜。不可胜在己，可胜在适（敌）。故善者能为不可胜……也。守则有余，攻则不足。昔善守者，臧（藏）九地之下，动九天之上，故……智（知），非善者也。战胜而天下曰善……易胜者也。故善〔□□□□〕奇胜，无智名，无〔□〕功，故其胜不贷（忒）。不贷（忒）者，其所错〔□〕胜败者也。善……败正。法：一曰度，二曰量，三曰数，四……生胜。胜兵如以洫（镒）称朱（铢），败兵如以朱（铢）称洫（镒）。称〔□〕者战民也，如决积〔□□□〕那（仞）之墫，刑（形）也。

埶（势）

治众如治寡，分数是。斗众……可使毕受适（敌）而无败，□正□〔□□□□□〕如以段（碬）……穷如天地，无谒（竭）如河海。冬（终）而复始，日月是……变不……之变，不可胜穷也。奇正环相生，如环之毋（无）端，孰能穷之？水之疾，至……可败，乱生于治，胁（怯）生于恿（勇），弱生于强。治乱，数也；恿（勇）胁（怯），埶（势）也；强〔□□〕也。善动适（敌）者，刑（形）之，适（敌）必从之；〔□□□□□〕取之。以此动之，以卒侍（待）之。故善战者，求之于埶（势），费责于……木石。木石之生（性），安则静，危则动，方则……

实　虚

先处战地而侍（待）战者失（佚），后处战地而趋战者劳。故善战者，致人而不〔□□〕人。能使适（敌）〔□〕至者，利之也。

能使适（敌）……能劳之，饱能饥之者，出于其所必〔□□〕。□行千里而不畏，行无人之地也。攻而必〔□□□〕所不守也。守而必固，守其所□〔□□□□□〕者，适（敌）不知所守；善守者，适（敌）不知□□……故能为适（敌）司命。进不可迎者，冲〔□□□□□□〕可止者，远……适（敌）不得与我战者，胶其所之也。故善将者刑（形）人而无刑（形）〔□□〕槫而适（敌）分。我槫而为壹，适（敌）分而为十，是以十击壹也。我寡而适（敌）众，能以寡击□……地不可知，则适（敌）之所备者多。所备者多，则所战者寡矣。备……者右寡，无不备者无不寡。寡〔□□□□□□〕众者，使人备己者也。知战之日，知战之地，千里而战。不〔□□□〕日，不知战之地，前不能救后，后不能救前，左不能救〔□□〕不能救左，皇（况）远者数十里，近者数里□……□□胜弋（哉）？故曰：胜可擅也。适（敌）唯（虽）众，可毋斲（斗）也。故绩之而知动□……死生之地，计之〔□□〕得失之□，□之〔□□〕余不足之□。刑（形）兵之极，至于无刑（形），〔无刑（形）〕，则深间弗能规（窥）也，知（智）者弗能谋也。因刑（形）而错胜□……制刑（形）。所以胜者不……兵刑（形）象水，水行辟（避）高而走下，兵胜辟（避）实击虚。故水因地而制行，兵因敌而制胜。兵无成埶（势），无恒刑（形），能与敌化之胃（谓）神。五行无恒胜，四时〔□〕常立（位），日有短长，月有死生。神要……

军〔争〕

……以□为直，以患……而诱之〔□□〕后人发，先人至者，知汙（迂）直之计者也。军争为利，军争〔□〕危。举军而争利则□不及，委军而〔□〕利则辎重捐。是故绻（卷）甲……□十一以至；五十里而争利，则厥（蹶）上将，法以半至；……军毋

（无）辎重〔□□〕粮食则亡，无委责（积）则亡。是故不知诸侯之诸者，不……能行军；不□乡（向）道（导）……分利，县（悬）权而动。先知汙（迂）直之道者〔□〕军争之法也。是故军……鼓金。视不相见，故为旌旗。是故昼战多旌旗，夜战多鼓金。〔鼓金〕旌旗者，所以壹民之耳目也。民瀖（既）已榑（专）……将军可夺心□。……用兵者，辟（避）其兑（锐）气……劳，以饱侍（待）饥，此治力者也。毋要瘛瘛之旗，毋击堂堂之陈（阵），此治变者……倍（背）丘勿迎，详（佯）北勿从，围师遗阙，归师勿谒（遏），此用众之法也。　四百六十五

〔九　变〕

……地则战，……攻，地有所不争，□……能得地……利，故务可信；杂于害，故忧患可……将有五〔□□□□〕杀。必生，……洁廉，可辱。爱民，可……危，不可不察也。

行　〔军〕

……处高，战降毋登，……此处水上之军……交军沂泽之中，依……死后生，此处□……凡四军之利，黄帝之……无百疾，陵丘隄□处其阳，而右倍（背）之。此兵之利，地之助也。上雨水，水流至，止涉侍（待）其定〔□□□〕天井、天窖、天离、天蹓、天郄，必亟去之，勿〔□□□〕远之，敌近之。吾……□第（苇）、小林、翳浍（荟）、可伏匿者，谨复索之，奸之所处也。敌近而□者，恃其险也。敌远□……进者，其所居者易……军者也。□庳（卑）而备益者，进也。辞强而〔□〕欧（驱）者，退也。轻车先出居厕（侧）者〔□□□□□〕请和者，谋也。奔走陈兵者，

期也。半进者，诱也。杖而立者，饥也。汲役先歙（饮）……而不进者，劳拳（倦）也。鸟□者，虚也。夜嘑者，恐也。军獿（扰）者，将不重也。……啯（甀）者不反（返）其舍者，穷寇也。□□閒閒□言人者，失其众者也。数赏者，窘也。数罚者……相去也，必谨察此。兵非多益，毋……而罚之，则不服，不服则难用也。卒已榑亲而罚不行，则不用。故合之以交，济之以……行，以教其民者，民服。素……

〔地〕 形

《孙子》篇题木牍上有《□形》一题，位置在《九地》之前，应即本篇篇题，但未发现此篇简文。

九 地

……轻地，有争地，有交地，有瞿（衢）地，有重地，有泛地，□围地，有死地。诸侯战……而得天□之众者，为矍（衢）。入人之地深，倍（背）城邑多者，为重。行山林、沮泽，凡难行之道者，为□……□寡可〔□□〕吾众者，为围。疾则存，不疾则亡者，为死。是故散〔□□□□〕轻地则毋止，争……则行，围地则谋，死地则战。所胃（谓）古善战者，能使适（敌）人前后不相及也。……适（敌）众以正（整）将来，侍（待）之……听〔□□〕之请（情）主数（速）也，乘人之不给也……食；谨养而勿劳，并……谋，为不可贼（测）。投之毋（无）所往，死且不北，死焉……无所往则……所往则斗。是故不调而戒，不……非恶货也；无余死，非恶寿也。令发〔□□〕士坐者涕□□，卧〔□□□□〕投之无所往者，诸、岁之勇也。故善用军者，辟

（譬）如卫然，卫然者，恒山之……击其尾则首至，击其中身则首尾俱至。敢问□可使若卫然虖（乎）？曰：可。越人与吴人相恶也，当其同周（舟）而济也，相救若□……齐勇若一……□已也。将军之事……之耳目，使无之。易其事〔□□□〕使民无识。易其□，于（迂）其□，使民不得……入诸侯之地，发其几（机），若敺（驱）群……变，诎（屈）信（伸）之利，人请（情）之理，不可不察也。凡为〔□□□〕槫，浅则散。□国越竟（境）而师者，绝地也。四彻（彻）者，瞿（衢）地也。……者，轻地也。倍（背）固前□〔□□□□□〕倍（背）固前适（敌）者，死地也。毋（无）所往者，穷地也。〔□□□〕散地，吾将壹其志；轻地，吾将使之偻；争地，吾将使不留；交地也，吾将固其结；瞿（衢）地也，吾将谨其恃；〔□〕地也，吾将趣其后；泛地也，吾将进其□；围地也，吾将塞……□侯之请（情）：遝则御，不得已则斗，过则从。……利。四、五者，一不智（知），非王霸之兵也。彼王霸之兵，伐大国则其众不……则其交不□合。是故不……可拔也，城可隋（隳）也。无法之赏，无正之令，犯三……以害，勿告以利。芋之亡地然而后存，陷……于害，然后能为败为……□□将，此胃（谓）巧事。是故正（政）与（举）□……其使，厉于郎（廊）上，以诛其事。适（敌）人开阖，必亟入之。先其所爱，徵（微）与……诀战事。是故始如处……

火　攻

孙子曰：凡攻火有五：一曰火人，二曰火渍（积），三曰火辎，四曰火库，五曰火〔□□〕火有因，因必素具。发火有时，起火有日。时者，天……四者，风之起日也。火发□……火发其兵静而勿攻，极其火央，可从而从〔□□□□□〕止之。火可发于外，毋寺（待）于内，以时发之。火□上风，毋攻……数守之。故以火佐攻者明，以水佐攻者强。水可……得，不隋其功者，凶，命之曰费留。故曰：明主虑之，良将随之。非利〔□□□□□〕不用，非危不战。主不可以怒兴军，将不可以温（愠）战。合乎利而用，不合而止。怒可复喜也，温（愠）可复……

用 间

孙子曰：凡……里，百生（姓）之费，□……知适（敌）之请（情）者，不仁之至也，非民之将也，非主〔□□□□□□〕之注（主）也。故……不可验于度，必取于人知者。故用间……反间，有死间，有生间……神纪，人君之葆（宝）也。生间者，反报……乡人而用者也。内间者，因……三军之亲，莫亲于间，赏莫厚于间，事……非仁不能使……之葆。密戈（哉）密戈，毋（无）所不用间〔□□〕事未发，闻间□……用也。因是而知之，故乡间、内间可得而使也。……五间之事，必知之，……可不厚也。□……在夏。周之兴也，吕牙在□〔□□□□〕□衛师比在陉。燕之兴也，苏秦在齐。唯明主贤……

下　编

吴　问

吴王问孙子曰:“六将军分守晋国之地,孰先亡?孰固成?”孙子曰:“范、中行是(氏)先亡。”“孰为之次?”“智是(氏)为次。”“孰为之次?”“韩、巍(魏)为次。赵毋失其故法,晋国归焉。”吴王曰:“其说可得闻乎?”孙子曰:“可。范、中行是(氏)制田,以八十步为婉(畹),以百六十步为畛(亩),而伍税之。其□田陕(狭),置士多,伍税之,公家富。公家富,置士多。主乔(骄)臣奢,冀功数战,故曰先〔亡〕。……公家富,置士多,主乔(骄)臣奢,冀功数战,故为范、中行是(氏)次。韩、巍(魏)制田,以百步为婉(畹),以二百步为畛(亩),而伍税〔之〕。其□田陕(狭),其置士多。伍税之,公家富。公家富,置士多,主乔(骄)臣奢,冀功数战,故为智是(氏)次。赵是(氏)制田,以百廿步为婉(畹),以二百卌步为畛(亩)。公无税焉。公家贫,其置士少,主佥臣收,以御富民,故曰固国。晋国归焉。”吴王曰:“善。王者之道,□□厚爱其民者也。”

二百八十四

〔四　　变〕

……〔徐（途）有所不由，军有所不击〕，城有所不攻，地有所不争，君令有〔所不行〕。

徐（途）之所不由者，曰：浅入则前事不信，深入则后利椄（接）。动则不利，立则囚。如此者，弗由也。

军之所不毄（击）者，曰：两军交和而舍，计吾力足以破其军，獾其将。远计之，有奇埶（势）巧权于它，而军……□将。如此者，军唯（虽）可毄（击），弗毄（击）也。

城之所不攻者，曰：计吾力足以拔之，拔之而不及利于前，得之而后弗能守。若力〔□〕之，城必不取。及于前，利得而城自降，利不得而不为害于后。若此者，城唯（虽）可攻，弗攻也。

地之所不争者，曰：山谷水□无能生者，□□□而□□……虚。如此者，弗争也。

君令有所不行者，君令有反此四变者，则弗行也。……行也。事……变者，则智（知）用兵矣。

黄帝伐赤帝

孙子曰：〔黄帝南伐赤帝，至于□□〕，战于反山之原，右阴，顺术，倍（背）冲，大威（灭）有之。〔□年〕休民，□穀，赦罪。东伐□帝，至于襄平，战于平□，〔右阴〕，顺术，倍（背）冲，大威（灭）〔有之。□〕年休民，□穀，赦罪。北伐黑帝，至于武隧，〔战于□□，右阴，顺术，倍冲，大威有之。□年休民，□穀，赦罪〕。西伐白帝，至于武刚，战于〔□□，右阴，顺术，倍冲，大威有〕之。已胜四帝，大有天下，暴者……以利天下，天下四面归之。汤之伐桀也，〔至于□□〕，战于薄田，右阴，顺术，倍（背）冲），大威（灭）有之。武王之伐〔纣〕，至于葰遂，战牧之野，右阴，顺术，〔倍冲，大威〕有之。一帝二王皆得天之道、□之□、民之请（情），故……

〔地〕刑（形）二

〔□〕地刑（形）东方为左，西方为〔右〕……

……首，地平用左，军……

……地也。交□水□……

……者，死地也。产草者□……

……地刚者，毋□□□也□……

……〔天〕离、天井、天宛□……

……是胃（谓）重利。前之，是胃（谓）猒守。右之，是胃（谓）天固。左之，是胃（谓）……

……所居高曰建堂，□曰□〔□〕□遂左水曰利，右水曰积……

……□五月度□地，七月□……

……二军出陈（阵），不问朝夕，右负丘陵，左前水泽，顺者……

……九地之法，人请（情）之里（理），不可不□……

〔见 吴 王〕

……□于孙子之馆，曰："不穀好……兵者与（欤）？"孙……乎？不穀之好兵□□□□之□□□也，适之好之也。"孙子曰："兵利也，非好也。兵，□〔也〕，非戏也。君王以好与戏问之，外臣不敢对。”盖（阖）庐曰：“不穀未闻道也，不敢趣之利与……□孙子曰：“唯君王之所欲，以贵者可也，贱者可也，妇人可也。试男于右，试女于左，□□□□……曰：“不穀顯（愿）以妇人。”孙子曰：“妇人多所不忍，臣请代……畏，有何悔乎？”孙子曰：“然则请得宫□□……之国左后玺圄之中，以为二陈（阵）□□……□曰：“陈（阵）未成，不足见也。及已成……□也。君王居台上而侍（待）之，臣……□至日中请令……陈（阵）已成矣，□□听……□□不□不难。”君曰：“若（诺）。”孙子以其御为……参乘为舆司空，告其御、参乘曰：“□□……□妇人而告之曰：“知女（汝）右手？”……之”。“知女（汝）心？”曰：“知之。”“知女（汝）北（背）？”曰：“知之。”“……左手。胃（谓）女（汝）前，从女（汝）心。胃（谓）女（汝）……人生也，若夫发令而从，不听者诛□□……□不从令者也。七周而泽（释）之，鼓而前之……〔三告而〕五申之，鼓而前之，妇人乱而〔□□□〕金而坐之，有（又）三告而五申之，鼓而前之，妇人乱而笑。三告而五申者三矣，而令猷（犹）不行。孙子乃召其司马与舆司空而告之曰：“兵法曰：弗令弗闻，君将之罪也；已令已申，卒长之罪也。兵法曰：赏善始贱，罚……□请谢之。”孙子曰：“君□……引而员（圆）之，员（圆）中规；引而方之，方中巨（矩）。……盖（阖）庐六日不自□□□□□……□□□□孙子再拜而起曰：“道得矣。……□□□长远近习此教也，以为恒命。此素教也，将之道也。民……□莫贵于威。威行于众，严行于吏，三军信其将畏（威）者，乘其适（敌）。”

千□十五

※　　※　　※

……而用之，□□□得矣。若□十三扁（篇）所……

……〔十〕三扁（篇）所明道言功也，诚将闻□……

……□而试之□得□……

……〔孙〕子曰：“古（姑）试之，得而用之，无不□……

……□□□之孙子曰：“外内贵贱得矣。”孙……

……□不穀请学之。”为终食而□……

……将军□不穀不敢不□……

……□也。请合之于□□□之于……

……者□□也。孙子……

……孙子曰：□……

……孙子……

附录三

孙武子评传

田昌五

孙武子是我国历史上的知名人物，也是当今世界上知名的历史人物，但他也是一位神秘人物。他的知名，是由于其所著《孙子兵法》为千古传诵和应用。说他神秘，在于他的身世和生平难以考实，以致后人有疑其为子虚乌有，并与孙膑合为一人者。这也许是中国古代兵法家的特点，例如《齐太公兵法》和《六韬》为何人所作，鬼谷子和黄石公何许人也，就都是难得其实的。孙武子的身世和生平虽有一些蛛丝马迹可寻，但也有不少迷雾，至今尚有待于澄清。这里就从孙武子的身世入手，追寻这位千古兵圣的千古业绩。

一、孙武子的家世

孙武子的家世，史籍缺载。司马迁在《史记·孙子吴起列传》中只是说："孙子武者，齐人也。"看来这位博学多闻的太史公对孙武子的家世已不清楚。班固《汉书·艺文志》在"兵权谋十三家"中，著录了"《吴孙子兵法》八十二篇，图九卷"。所说吴孙子，即孙武子。这里已把他说成吴人了。《吴越春秋·阖闾内传》从此说："孙子者，名武，吴人也，善为兵法，辟隐深居，世人莫知其能。"可见，汉代对孙武子的国籍已有二说：一说他是齐人，一说他是吴人，但都未详其家世。

到了宋代，欧阳修在其所撰《新唐书·宰相世系表》中，突然对这个问题作了明确的交代。其叙孙武子家世曰：

孙氏"又有出自妫姓。齐田完，字敬仲，四世孙桓子无宇。无宇二子：恒、书。书，字子占，齐大夫，伐莒有功，景公赐姓孙氏，食采乐安。生凭，字起宗，齐卿。生武，字长卿，以田、鲍四族谋为乱，奔吴，为将军。"

这段材料被一些人视为至宝，以为孙武子的家世据此可以定谳。但稍加推敲，即可知这段材料是大有问题的。田桓子无宇与田恒为祖孙，与田书为父子，是田书与田恒为叔侄，怎能说他们是兄弟，同为无宇之子呢？稍后，邓名世大概觉察到了这个谬误，在其所著《古今姓氏书辩证》中，干脆不提田恒，只把田书说成无宇之子。但问题并未因此而解决。且不说这里把田书附会成早于他数十年的孙书，即以田书本人而论，他的孙子也是不可能奔吴为将军的。查田书死于吴、齐艾陵之战，其事见《左传》哀公十一年，即公元前484年。其文曰：

"公会吴子伐齐，五月，克博，壬申，至于嬴。中军从王，胥门巢将上军，王子姑曹将下军，展如将右军。齐国书将中军，高无丕将上军，宗楼将下军。陈僖子谓其弟书：'尔死，我必得志。'……甲戌，战于艾陵。展如败高子，国子败胥门巢，王卒助之，大败齐师，获国书、公孙夏、闾丘明、陈书、东郭书，革车八百乘，甲首三千，以献于公。"

这里的陈书即田书。陈与田，音同义通。陈僖子即田厘子乞，继桓子无宇为齐卿士。吴子指吴王夫差，其父即吴王阖闾。后面我们将会看到，孙武子是在吴王阖闾时用事的，如果他是田书之孙，他能先于田书跑到吴国去吗？

再说，鲁哀公二十二年，即公元前 473 年，越王勾践攻灭了吴国。田书之死距此恰为十年。按古人的说法，一世为三十年。田书之子应在前 450 年左右，其孙应在前 420 年左右。此时吴国灭亡已五十年，他怎么可能奔吴为将军呢？

可见，孙武子绝非田书之孙，而是另有其人。其人为谁？我认为就是《史记·田敬仲完世家》中的武子开。他姓田，名开，字开疆，号武子。这里先据《世家》列表于下：

田敬仲完——穉孟夷——庄孟滑——文子须无——桓子无宇

——┬武子开

  └厘子乞——成子常——襄子盘——庄子白——太公和（下略）

这里的武子开只此一见，其事迹不详。在《晏子春秋》中提到过一位田开疆，他勇力过人，善于用兵，自称“吾仗兵而却三军者再”，功勋卓著。但他和另外两位壮士公孙接和古冶子被晏婴设计用两个桃子除掉了，由此留下了二桃杀三士的故事。我认为，这位田开疆就是武子开，那时名开字开疆或名启字启疆，是常见的事。《晏子春秋》是一本小说故事，可能由于武子开的下落不明，后人才编出这个故事来的。

这样判断是有道理的。首先，按田氏参与齐国内乱的年代来说，第一次是在齐景公初年，即鲁襄公二十二年，公元前 545 年。当时齐国贵族庆封专政，引起大族栾、高氏的不满，他们就寻找机会消灭庆氏。此事被田文子察觉，他就和儿子无宇商议，如何参与其事。这年十月，无宇随庆封到莱邑田猎，文子以其母病为由把他召了回来。无宇渡过淄水后破坏了河桥，断绝了庆封的归路。栾、高在这时消灭了庆氏之族党，田文子把齐景公用车载入内宫。待庆封反攻回来时，已经无能为力了。

这次内乱和武子开没有多大关系，因为参加者是其祖田文子和其父桓子无宇。第二次是田氏联合鲍氏攻垮栾、高氏的斗争。时在鲁昭公十年，公元前 532 年。田桓子联合鲍氏用计攻栾、高氏，事后由田、鲍“分其室”，将栾、高氏的家产瓜分了。不过，田桓子更聪明一些，他听从晏婴的建议，把分得的财产全部交给了齐景公，再由景公分配给受栾、高氏打击的诸公子公孙，而自己则“请老于莒”。作为酬劳，“景公予桓子莒之旁邑。辞。穆孟姬为之请高棠，陈氏始大”。这样，田桓子就取得了最大的实惠。

这次斗争的主角是田桓子无宇，田武子开应是参预其事的，正像上次斗争中无宇参与其父田文子的筹画一样。而且，这时田文子已死，由田桓子主其事，事后桓子“请老于莒”，说明他也到老年了。估计数年之后，田桓子无宇死，由武子开继位。武子是他作为齐国卿士的称号，正像文子、桓子一样。如果他没有继其父为卿士，他是不会有此称号的。但到下一次斗争时，这位武子开却不见了，主事者是其弟田厘子乞。他到哪里去了呢？如果他死了，应由其子继位，而不应由其弟继位；所以我认为，他是带着妻子儿女跑到吴国去了。这个问题容后再谈，先谈齐国田氏参加的第三次斗争。

如上所说，这次斗争的主角是田厘子乞，时在鲁哀公六年，公元前489年。先是齐景公太子早死，他临终前以其爱妾之子荼为太子，高昭子、国惠子为傅。景公死后，国、高共立孺子荼为君而相之。田乞对此不满而又不便明言，于是用阴阳两面的手法挑拨国、高氏与诸大夫的关系。他一面对国、高说：诸大夫怕受你们的迫害，很可能造反，要多加防范；另一方面又对诸大大说，国、高要翦除你们，你们何不抢先下手？结果，田乞与鲍牧和诸大夫发兵攻灭了国、高氏，杀孺子荼。事后，田乞迎立景公他子阳生为悼公，由他和鲍牧相之。

这件事说明，田乞对国、高氏怀恨在心，必欲除之而后已。究其原因，一方面是由于国、高氏是田氏的最大威胁，另一方面和武子开的出走不无关系。这个问题，如和司马穰苴之死联系起来，就十分清楚了。

司马穰苴，即田穰苴，与武子开同属田氏宗族，二人很可能是叔侄辈分。他精通兵法，文能附众，武能威敌。大约在齐景公二十年，即公元前528年，田桓子老退后的第五年，齐国遭到了晋、燕两国的夹攻，形势危急。景公听从晏婴的举荐，起用田穰苴为将军，统领三军抵御晋、燕的攻势。穰苴提出：他素来卑微，骤然当上大将，怕士卒不服，百姓不信，希望能派一位宠信大臣做监军。景公从其请，以亲信大臣庄贾为监军。穰苴与庄贾相约，次日中午相会于军门。次日午前，穰苴到军门等候庄贾，可是庄贾恃宠违约，在与亲朋宴聚后，迟至日暮方到。穰苴按军法命斩庄贾，庄贾的随从立忙去报告景公，景公派使者赶来相救。穰苴又按军法斩了使者的仆从，杀掉其左骖。由此，穰苴威令军中，三军无不用令。他又能体恤士卒，与士卒同苦乐，因此军威大振。出师之后，晋、燕退去，齐国收复了失地。穰苴因此被齐景公“尊为大司马”，职掌齐国军政。但此举却受到了国、高、鲍氏的疑忌。据《史记·司马穰苴列传》称：“大夫鲍氏、国、高之属害之，谮于景公。景公退穰苴，苴发疾而死。”此事大约发生在齐景公三十年，即公元前518年左右。这就和武子开挂上钩了。

穰苴为田氏支庶，武子开是田氏嫡系。在这次军事行动中，武子开应是参与的。《晏子春秋》中田开疆所说“吾仗兵而却三军者再”，我认为即一却晋军，再却燕军。穰苴受谗而死，武子开自所不免。因为，在齐国内争中，武子开这一支是田氏的主要代表。谗害穰苴，自然是为了打击以武子开为代表的田氏势力。武子开很可能是在这时让位于其弟厘子乞，跑到吴国去的。到吴国后，他像伍子胥在艾陵之战前夕送其子于齐并改姓王孙氏那样，改姓孙名武，把他的真实姓名田武子开隐埋起来了。

这位隐姓埋名的孙武本想在吴国过隐居生活，所以说他“避隐深居，世人莫知其能。”不料，这期间从楚国来了一位伍子胥，同他交上了朋友。伍子胥向吴王阖闾推荐孙武子，他只得再次登场表演了。

无巧不成书。查伍子胥是由于其父兄被谗害而死，于公元前522年从楚国辗转逃到吴国，想借重吴国的力量为其父兄报仇的。

他到吴国后，投在公子光的门下做宾客。当时的吴国君主是吴王僚，他曾劝吴王僚伐楚，被公子光所阻止。公元前515年，公子光派专诸刺杀吴王僚而自立，即吴王阖闾。如孙武子于前518年奔吴，到这时已经三年了。据《史记》和《吴越春秋》的一致记载，伍子胥向吴王阖闾推荐孙武子，是在其即位之第三年，即公元前512年。这样，许多问题就都对上号了。孙武子出走后，消灭国、高氏的任务，是由其弟厘子乞完成的。至于田书，他只能是武子开的小弟，后来落籍于乐安的是田书这一支；专有齐国的是田乞这一支；田开这一支则一分为二：一支留在南方，可谓南方孙氏；另一支又回到北方，即太史公所说"膑亦武之后世子孙也"。

说到这里，我们就可以对孙武子的家世得出比较可信的结论了。他是齐田敬仲完的五世孙，本姓田，名开，字开疆。后因出走吴国，乃改姓孙，名武，仍号武子。他就是《孙子兵法》的作者。汉乐安孙氏名武字长卿者，只是他的侄孙子。以孙为祖，是错误的。我们最好还是称他为孙武子，以免其侄孙子冒名顶替，以假乱真。

齐国田氏来自陈国。陈厉公(公元前706—前700年)得一子，取名曰完。适逢周太史路过陈国，陈厉公就请他为其子占卜，卜得人君之兆。周太史就说，这位公子一定会当人君，不是在陈国，就是在其他国家；不是他本人，就是他的子孙。此后，陈国连年内乱，公子完恐祸及己，于是从陈国逃往齐国。

这时君临齐国的正是一代霸主齐桓公。桓公与公子完宾主相见，十分融洽，就任命田完为卿士。公子完辞不敢受。桓公于是任命他为工正，他接受了。从此他当上了齐国的工正，用现在的话说，就是工商部长了。近年来在莱芜发现了齐国田氏墓葬区，说明齐国田氏确实当过工正。莱芜既有铁矿资源，又有森林资源，而盐铁林木正是由工正主管的。

在桓公宴请公子完的时候，齐懿仲也参加了。他将自己的女儿许嫁给公子完，并进行了占卜。所得卜辞是：“凤凰于飞，和鸣将将。有妫之后，将育于姜。五世其昌，并于正卿。八世之后，莫之与京。”这样，陈公子完就在齐国落户生根了。

齐国田氏从田完起，三代为工正，到第四代田文子须无时列为卿士，开始参与齐国内争。第五代桓子无宇发动了攻击栾、高氏的斗争，陈氏始大。第六代武子开因受国、高氏的排挤而出走吴国，其弟厘子乞消除了国、高氏的势力，由此列为正卿，执掌国政。第七代田成子常尽除鲍、晏、阚氏等齐国公族势力，把齐国政权完全控制在自己手里。第八代田襄子盘分割齐国，据有大部分土地。经第九代田庄子白到第十代太公和，终于列为诸侯，取代了齐国姜氏政权。此后就进入战国时期了。

田武子开的生卒年不详。过去多以为他与孔子同时而略晚。据我考察，他当生于齐国灭莱之役前后，大约在公元前567年左右。他被迫奔吴的时间如以公元前518年计算，这时他已接近五十岁了。他的卒年可能在吴、楚之战以后，如以吴王阖闾的卒年为准，大约在公元前496年左右或略晚一些，享年七十余岁。据此可以说，他大约与孔子同时而略早，比较接近老子的年龄。这就难怪《孙子兵法》与《道德经》有相通之处了。

二、孙武子的业绩

孙武子生当春秋时代末期，即鲁襄、昭、定、哀之间。这个时期的主要特点是：大国争霸已近尾声，各国内部、特别是一些大国中的内部斗争开始突出起来，就连各国间的交往，也是以卿大夫为主角的。例如，鲁国三桓一再瓜分公室，并逼走了鲁昭公。晋国是六卿强，公室卑。伍子胥因楚国内争而奔吴，宋之华登亦然。齐国内部当然也不例外。这种纷争的社会内涵较之各国争霸更为深刻，它预示着一个旧时代的即将结束和一个新时代的行将到来。孙武子就是作为新时代的一个先行者走上历史舞台的。

孙武子的一生大致可分为两个时期，他的前半生是在齐国内争中度过的，后半生是在吴、楚之争中度过的。要了解他的前半生，必须研究齐国的内争。

齐国和许多诸侯国一样，是由齐君和公族为主体构成的。国君亦称公室，而公族则是其同姓宗族。在齐国的公族中，有国氏、高氏、栾氏、崔氏、庆氏、鲍氏、晏氏、阚氏，等等。他们各有自己的宗室和宗族，形成一股股政治和军事势力。其中，国氏与高氏是随齐太公一起到齐国的，故称“天子之二守”。田氏是外来户，虽然后来也形成了宗族，但不在齐国公族之列。齐国的内争虽然也涉及到公室，但主要是各宗族之争，而田氏要取得齐之公室，就必须逐一翦除齐之公族。

在齐国公族中，最早被消灭的是崔氏，这是由庆氏干的。其次被消灭的是庆氏，这是由栾氏和高氏干的，田氏只不过是利用这次斗争提高自己的地位而已。再次被消灭的是栾氏，高氏也受了重创，这虽然是由田氏联合鲍氏和诸大夫干的，但事后田桓子还是把胜利果实全部交了出来。田氏没有因此而成为执政，即所谓正卿，反而从政治前台退了下来。退下来是明智的，否则继崔氏、庆氏、栾氏之后，下一个受攻击的目标可能就是田氏了。在齐国内争中有一条规律：谁执政谁就要倒霉。这是田氏必须考虑的，何况田氏还是一个外来户呢？

田桓子老退后，武子开继位。在齐国执政的是国氏和高氏。这是两个老牌宗族，在齐国建立时就有他们了，所以被称为周“天子之二守”。比起他们，田氏只能算作“陪臣”了。他们在齐国根深蒂固，族大势众，远非田氏所能比。田氏要消灭他们，也只能以退为进，等待时机。不料，田穰苴因功而被“尊为大司马”，又把田氏推到了政治前台。穰苴虽系田氏远支，但在当时人看来，他属于田氏之族党，是毫无疑问的。而且，如前所说，武子开是参与了田穰苴的军事行动的，穰苴尊贵，必然把田氏也托上来。所以，鲍、国、高氏的目标从表面上看是田穰苴，实际上是指向整个田氏的。在这种情况下，武子开只能有两种选择：一是率田氏族党与国、高氏决一死战，但这样就有断送田氏族党的危险；一是高走远遁，销声匿迹，保存田氏实力，徐作后图。他所走的正是后一条去路。我认为，他让位于其弟田乞而出走，是有预谋的。这也可称为庙算，庙算不胜，就由他的兄弟去增加筹码了。原来我认为，他只是因为自己年纪大了而让位的，这无疑是事实，田乞就是在他死后才得志于齐的。现在看来，仅仅这样说还不够，孙武子的出走是有深谋远虑在其中的。

田乞果然不负所望。他利用当时齐景公及其宠信聚敛无度，淫乐奢侈，滥施刑罚，民怨沸腾的情势，用大斗贷出和小斗收进的办法施惠于民，同时用他世代掌握工正的权力，以平价销售山林海产。这样就收到“公弃其民而归于陈氏”的效果，执政国、高氏无可如何。为了积累政治资本，他甚至不惜让其弟田书丧命沙场，说“尔死，我必得志”。结果，在齐景公死后，他利用废立之机，联合鲍氏一举消灭了国、高氏，并按自己的意愿迎立公子阳生为悼公。鲍氏感到不满，但为时已晚，田常终于弑简公而立平公，并把鲍氏、晏氏、阚氏等一网打尽。这样，田氏代齐只是一个时间问题了。

由此可见，在齐国内争、特别是田氏代齐的过程中，孙武子是个关键人物。他的销声远走，不过是一种政治战略。其目的在全部消灭齐之公族，由田氏享有齐国。事实证明，孙武子在齐国内争中的战略是成功的。

由于孙武子是出于上述政治原因逃往吴国的，所以他到吴国后“避隐深居，世人莫知其能”。就连他来自齐国田氏，也是人们所不知道的。伍子胥同他结识，最多也不过知道他来自齐国，姓孙名武罢了。至于人们称他为孙子或孙武子，那是就他作为兵法家而言的，正如老子、孔子、墨子之称一样。这样，齐国的田武子开就消失了，而吴国则出现了一位兵法家孙武子。

《孙子兵法》是何时写成的，这很难说。按那时人的写作惯例，可能是陆续写成的。其中大部分写成于齐国，到吴国后又有修改和补充。伍子胥知道他能用兵，就因为看到过《孙子兵法》，起码他是向孙武子请教过兵法的。否则，他凭什么极力向阖闾推荐孙子呢？

吴王阖闾并不知道本国有位善于用兵的孙武子。所以，当伍子胥"一旦与吴王论兵，七荐孙子"的时候，吴王说："子胥托言进士，欲以自纳。"他之所以对伍子胥有这种看法，是因为伍子胥曾建议吴王僚伐楚（前 522 年），被他阻止了。他原以为伍子胥有什么锦囊妙计，现在不过秘而不宣而已。但他还是听从了伍子胥的建议，请孙武子来相见。他之所以这样做，是因为伍子胥曾推荐专诸刺杀了吴王僚，实现了他身登王位的梦想；事后，伍子胥又推荐要离，刺杀了逃离吴国的王僚之子庆忌。这次他推荐孙武子，其中必有奥妙。何况王僚之弟公子掩余和烛庸在伐楚的前线上听说吴王阖闾杀王僚而自立，遂叛吴归楚，对吴王阖闾构成了心腹之患呢？当然，这其中还有深层次的因素：吴、楚世仇，势不两立，这是历代吴王都必须考虑的；而伍子胥为报父兄之仇而来，他能不能真正帮助解决这个问题呢？事实上，伍子胥是感到力不胜任才推荐孙武子的。他推荐孙武子时必然会把《孙子兵法》提出来。

孙武子身在吴境，吴王要召见他，他只得从隐居处赶来相见。吴王把他安置在城中的馆舍里，同他讨论兵法。他"每陈一篇，王不知口之称善其意，大悦"。可见，吴王听得入了神，不由自主地连声叫好，完全被这部奇书迷住了。所以，在日后的吴楚之战中，不管孙武子是不是直接出阵指挥，他所写的《孙子兵法》都起到了指导作用，并取得了辉煌的胜利。后来《孙子兵法》得以广泛流传，至今不绝，其原因就在这里。

吴王和孙武子不仅讨论了兵法，还讨论了当时的各国形势和自古以来得天下者的道理。新出土的《孙子兵法·吴问》所回答的就是前一个问题；《黄帝伐赤帝》回答的则是后一个问题。这表明，吴王阖闾的政治胃口是很大的。他不仅要吞灭楚国，而且要称霸中原，进而统一天下。

从表面上看，《吴问》谈的不过是晋国六卿的问题，实际上晋国的问题涉及到当时中国的“国际”形势。在吴国兴起的时候，各国争霸已近尾声。最先称霸的齐国这时无暇外务，偏处东方，只能和鲁国进行较量。秦国僻处西戎，无力东顾，只能守疆保土而已。晋楚争霸虽在继续，但已处于僵持状态。晋联齐，楚联秦，都不能改变这种局面。于是，晋联吴制楚，楚则联越制吴，彼此互相牵制。在这种形势下，如吴能破楚服晋，称霸中原以制四方，就不成问题了。此可谓晋、楚两败俱伤，而吴则独得其利。要不，吴王为什么专问晋国的内情呢？

不仅此也。吴为太伯之后，太伯、虞仲兄弟让位于王季而窜入荆蛮，王季子文王为西伯，至武王而奄有天下。现在周室衰微，该是吴国王天下的时候了。《黄帝伐赤帝》，就是为此而作的。其中谈道：往古的时候，黄帝坐镇中央，赤、青、黑、白四帝为虐于四方。黄帝厚爱于民，取得天时、地利、人和，乃南伐赤帝，东伐青帝，北伐黑帝，西伐白帝。已胜四帝，而天下归之。后来，商汤攻走夏桀，据有九州；周武王翦灭商纣王，四海归一，也都是取得天时、地利、人和的结果。

这就告诉吴王，你想争霸中原，取得天下吗？就取法于这一帝二王吧！当然，孙武子首先抬出黄帝来，是另有原因的。齐国田氏即奉黄帝为远祖。后来齐国稷下黄老之学，就是托黄帝、老子而言的。在这一点上，孙武子可谓黄、老之学的始作俑者。

孙武子向吴王阖闾提出的战略决策，可以这样来概括，即：破楚、争霸、取天下。这三步曲对吴王来说，可谓正中下怀。在周代的姬姓诸侯中，吴国是最早公开称王的。从吴王寿梦起，就开始做这个梦。寿梦之子诸樊、余祭、余昧、王僚继续在做这个梦。现在该轮到吴王阖闾了。

但对阖闾来说，最关键的还是走完第一步。从寿梦到王僚，都没有走完这一步，他该走完这一步了。为此，他从即王位之日起(前515年)，就从各方面进行准备工作。如躬自克俭，励精图治；体恤民众，存问孤寡；发展生产，增加储备；选练士卒，加强战备；修筑城郭，完善守备；礼贤下士，开怀纳谏，等等。这些，都令邻国刮目相看，敌国为之不安。到第三年他召见孙武子时，可说一切已准备就绪，就要开始行动了。

在行动之前，吴王问孙武子，可否按其兵法进行一次表演。孙武子说：行。经过商议，吴王命挑选180名宫女交孙武子进行演练，其中包括他的两名爱姬。孙武子把这180名宫女分为两队，命吴王的两名爱姬担任队长，同时任命了阵地执法官。他当即交代了操作要领，开始演练，但一再号令，宫女们只是哄乱嬉笑，拒不服从。孙武子按军法要斩吴王的两名爱姬，吴王为她们求请，被孙武子拒绝了。吴王一气之下，当即退场。孙武子依次任命了两位新队长，继续操练。这次，队伍整齐画一，庄严肃穆，进退跪起，前后左右，劈刺喊杀，无不如法。孙武子请吴王来检阅，吴王还在气头上，就说你休息去吧，“寡人已知将军能用兵矣”。孙武子也没好气，就说：君王只是空喜好我写的兵法，并不想真正实行，那就算了。后经伍子胥向吴王陈说利害，以为破楚非孙武子不足以当其任。吴王气消，亲自去挽留孙武子，委以重任，参与军国大计。

这里有一个问题，在以后的吴楚之战中，为什么只见有伍子胥，而不见孙武子其人呢？我认为，这要从当时的情势来解释。总的来说，那时兴师出征是由君主或其亲族挂帅的，外人难得直接掌握军队。伍子胥来自楚国，对楚国的国情、民情、军情以至山川地理形势，了如指掌。所以，许多建议是由他按照《孙子兵法》的原则，结合楚国的情况提出来，并带头予以实施的。后人或以为孙武子当了将军，或以为实无其人，都是不对的。他和吴王的关系，犹如后来的张良和刘邦。刘邦说过：“运筹帷幄之中，决战千里之外者，子房也。”我们也可以说，在吴楚之战中，运筹帷幄之中，决胜千里之外者，孙武子也。

吴、楚之战大体上可分三个阶段。第一阶段，作三师以肄楚，攻取楚淮北重镇养城，夺取楚淮北之地。

吴王阖闾夺取王位后的第三年（鲁昭公三十年，前512年），内部已经巩固，就着手谋划攻楚之计。他一面重用孙武子，一面向伍子胥征询伐楚之策。伍子胥献计说：

“楚执政众而乖，莫适任患。若为三师以肄马，一师至，彼必皆出，彼出则归，彼归则出，楚必道敝。亟肄以罢（疲）之，多方以误之，既罢而后以三军继之，必大克之。”（《左传》昭公三十年）

这就是有名的“三师肄楚”之计。其大意是：楚昭王年幼，当政者多而不和，无一人能担当国之忧患。假如将吴军改编为三师，轮番出动，调动楚师前来，使之疲于奔命。如此反复多次，待楚军疲惫不堪，出现失误，再出动三军与之决战，这样必能大获全胜。

当时的军力对比是：吴弱楚强，所以不能贸然对楚进攻。只有实行这种战略，消耗楚军的战斗力，才能以少胜多，战而胜之。阖闾采纳了这个建议。

这次战役的过程，要从吴国的内争说起。阖闾夺取王位后，王僚之弟公子掩余和烛庸在伐楚前线上闻变，遂弃军而逃。掩余奔徐（今江苏盱眙），烛庸奔钟吾（今江苏宿迁东北）。阖闾三年，令徐人拘捕掩余，钟吾拘捕烛庸，送交吴国。但这二国拒不从命，把二公子私下放走了。二公子走投无路，乃逃往楚国。楚派监马尹大心迎接，把他们安顿在养（今河南沈丘东南），又派莠尹然、左司马沈尹戌为之筑城，并取其东城父与胡之土田，作为他们的封邑，以扞御吴国。

阖闾为此大怒。这年冬天，他派兵执钟吾之君，并兴师伐徐。他壅水灌城，灭掉徐国。徐君章禹无奈投降，后又跑到楚国夷城，以图再举。三师肄楚之役由此开始了。次年：

“秋，吴人侵楚，伐夷，侵潜、六。楚沈尹戌帅师救潜，吴师还。楚师迁潜于南冈而还。吴师围弦。左司马戌、右司马稽帅师救弦，及豫章。吴师还。始用子胥之谋也。”（《左传》昭公三十一年）

吴军这两次行动，都是为了调动敌人，疲劳敌人，麻痹敌人，迷惑敌人，所以都发生在江淮之间。这年冬天，吴军突然大举出动，以迅雷不及掩耳之势，攻克养城，擒杀二公子，占据了楚淮北之地，取得了第一次战役的决定性胜利。

吴国取得胜利后，阖闾想挥师西上攻郢，被劝谏班师，进行休整。次年（前510年），吴军进攻越国，大败越军，解除了再次攻楚的后顾之忧。又经过一年积极准备，吴、楚之战进入了第二阶段。

鲁定公二年（前508年），吴楚之间进行了豫章之战。在豫章地区，除潜、六已沦为楚邑外，南近江水的地方还存在着群舒和桐等受制于楚的小国。吴国扬言要讨伐桐国，并让舒鸠人给楚国送去假情报，引诱楚国出兵。楚令尹囊瓦果率军进驻豫章，准备追击吴军。但自夏至秋，吴国虽“见舟于豫章”，却不见有伐桐的举动。其实，吴军已“潜师于巢”，在作围攻楚军的准备了。这样又从秋天到了冬天，楚军士卒思归，人心涣散，戒备松懈，完全丧失了初来时的锐气。吴军乘机突然从三面包围了豫章，对楚军发动了猛烈进攻。楚军仓惶失措，大败而逃。吴军乘势掩杀，大获全胜。这时阖闾又想挟胜西上攻郢，再次被劝谏班师。回师途中，又一举攻克巢城，活捉楚守将公子繁。至此，大别山以东江淮之间的楚国土地，全部为吴国所占据。楚国的东方门户被打开了。

两年之后，即鲁定公四年（前506年）秋九月，吴王发起了破楚入郢之战。这次大战的序曲是由救援蔡国引发的。先是蔡昭侯和唐成侯均被楚令尹囊瓦关押过三年，他们都因此而求助于吴。

蔡昭侯同时求助于晋，晋无力救蔡。蔡昭侯乃攻楚之与国沈，虏其君嘉。楚囊瓦帅师围蔡。这时，吴王倾全国兵力，沿淮水西上，进攻围蔡楚师。楚师退去，回到郢城。吴军掠过淮汝，进抵黄邑，与唐、蔡两国军队会师，迅猛通过大别山脉和桐柏山脉之间的大隧、冥阸、直辕三隘口，突入楚国腹地，与楚国夹汉水而军，布下阵来。

楚左司马沈尹戍建议，由他赶往方城，调动在那里防御晋国的楚军，绕到黄邑，堵住大隧、冥阸、直辕三隘口，切断吴军退路，然后由囊瓦率楚军从夏州（汉口）渡过汉水，在正面进攻吴军。这样，吴军腹背受敌，其败必矣。囊瓦同意他的意见，但沈尹戍去后，他在下属的怂恿下又变了卦，提前渡过汉水，进攻吴军。吴军巴不得楚军前来求战，自小别至于大别，且战且退，一直退到柏举地区才停下来。

这时囊瓦感到上了当，想回守汉水。但事已至此，要回头则吴军尾随而来，已经不可能了。加以受到下属的怂恿，他只得硬起头皮在柏举同吴军决战。吴军退守柏举后，阖闾有些犹豫，怕一战不胜，前功尽弃。其弟夫槩断然出阵，进攻楚军。楚军立足未稳，军心不固，突遭攻击，阵形大乱。吴王随后率主力掩杀过来，大败楚师，俘虏楚将芀射。楚大夫史皇战死。囊瓦弃军而走，逃往郑国去了。楚军残部由芀射之子芀延率领，向郢城方向狼狈逃窜而去。这就是史书上有名的吴楚柏举大战。

柏举战后，吴军马不停蹄，立即追击芀延残部，一直追到清发水边（今郧水）。这时夫槩又建议，对芀延所率楚军残部不要截击，等他们渡过一半时再击之。结果，芀延率先渡人马逃走，后渡的又被吴军消灭了。

芀延逃至雍澨，见吴军尚未追来，就稍事休息，埋锅造饭，想饱食一顿再走。不料，吴军又快速赶来。楚军只得弃食而去，如鸟兽散，各自逃命。芀延见此情景，就率其家兵逃到脾泄去了。

雍澨隔汉水离郢城五十里。对吴王来说，郢城已垂手可得了。

但就在这时，沈尹戌因中途闻变，转而回救郢城，也赶到了雍澨。一场恶战又开始了。沈尹戌当然要进行死战，吴军在雍澨这个三面环水的地方也只有拚死战斗，战胜而后入郢。结果，双方你来我往，经过三次交锋，沈尹戌负了重伤，无力再战。他不愿被阖闾生擒，蒙受屈辱，就让属下吴句卑砍掉他的头颅，含恨而死。楚军失去主帅，遂遭大败。

雍澨战后，吴军渡过汉水，向郢城挺进。楚昭王见大势已去，弃城而逃。吴军顺利进入郢城。这就是史书所说的五战入郢。

随后，昭王辗转逃到随国，派申包胥请来秦师，对吴军进行反击。而吴军入郢后不恤民命，横行霸道，引起民愤，屡战屡败。加以内部出了问题，最后不得不撤出郢城，全师而归。

尽管如此，楚国还是元气大伤，再无力争霸了。而吴国则从此“声名显赫于诸侯”。后来，夫差继承父志，大败越王勾践于夫椒，破齐师于艾陵，在黄池与晋国争为盟主，这些都是吴楚之战带来的后果。孙武子这时当已离开人间，但正如太史公所说：“阖庐知孙子能用兵，卒以为将。西破强楚，入郢；北威齐、晋，名显诸侯；孙子与有力焉。”（《史记·孙子吴起列传》）他在另一处又说：“阖庐使太子夫差将兵伐楚，取番。楚惧吴复大来，乃去郢，徙于鄀。当是时，吴以伍子胥、孙武之谋，西破强楚，北威齐、晋，南服越人。”（同书《伍子胥列传》）这，就是孙武子后半生在吴国建立的历史功绩。

三、划时代的杰作

孙武子的突出贡献还不在于他参与谋划吴楚战争，更重要的是他撰写了一部划时代的杰作《孙子兵法》。他“以兵法见于吴王阖闾”，深得阖闾敬重，从而运筹帷幄。吴楚之战的全过程，就是依据《孙子兵法》进行的。所以，问题不在于吴楚之战中都有那些人提出了那些意见，而在于他们的意见都是依据《孙子兵法》提出来的。我们无法知道，这些人是不是都看过《孙子兵法》，但可以肯定，吴楚之战是对《孙子兵法》的一次重大演练和光辉实践。当时吴国的兵力不过三万人，而楚国的兵力则多达二十万。以如此悬殊的兵力，吴国屡战屡胜，最后破楚入郢，可见《孙子兵法》所具有的内在威力。事实证明，《孙子兵法》是一部克敌制胜的法宝，因而后来广为流传，到战国时候已经是“藏孙、吴之法者家有之”了。

《孙子兵法》内容广泛，但其中精华还是传世的十三篇。他献给吴王阖闾的就是这十三篇，所以随后阖闾对他说：“子之十三篇，吾尽观之矣。”太史公也说：“世俗所称师旅，皆道孙子十三篇。”可见，这十三篇是一个整体，一部专著。也可以说，只有这十三篇，才称得上是《孙子兵法》。

《孙子兵法》不过六千余言，它为什么有那么大的威力和影响力，千古流传而不朽呢？我认为，从根本上说，它是为了埋葬旧时代、创造新时代而写的。它既是一部对旧时代的宣战书，又是一部创造新时代的宣言书。从一个时代转变到另一个时代，一般都是通过战争实现的，《孙子兵法》就是实现这种转变的理论武器。孙武子不仅是一位军事家和军事理论家，同时也是一位政治家，而且首先是一位政治家。他是作为一位政治家来考虑并处理战争问题的。战争不过是一种手段，而政治才是目的，这是《孙子兵法》的基本指导思想。从这种意义上说，《孙子兵法》可谓一部政治军事学。如果只是简单地把它看成一部军事著作，那是难得其要领的。

正由于此，《孙子兵法》不是以往兵学的继承和总结，而是新一代兵学的开创之作。当然，齐国的兵学是有传统的，孙武子不可能不从中吸取营养。特别是他与司马穰苴同时而略晚，司马穰苴曾“申明”古代的《司马法》，作《司马穰苴兵法》，他不可能不从穰苴学习并从中取得教益。但《孙子兵法》毕竟与以往的兵学有本质的区别，如《司马法》中讲的大戎与小戎，在《孙子兵法》中是见不到的。至于《孙子兵法》的创作来源，我认为主要是来自作者自己的战争实践和对春秋时代的战争总结。总结这些经验，提升为理论，再吸收以往兵学的有益成分，这样就创作出了新时代的兵学，成为后世兵学的鼻祖。

这样说有没有根据呢？有。根据就在《孙子兵法》里。首先，《孙子兵法》在思想认识上，与以往是不同的。如《用间篇》中说：

“故明君贤将，所以动而胜人，成功出于众者，先知也。

先知者，不可取于鬼神，不可象于事，不可验于度，必取于人，知敌之情者也。”

这段话虽然只是指使用间谍了解敌情说的，但也表明了《孙子兵法》的认识论。“取于鬼神”，即求神问卜；“象于事”，义为用类似的事情进行比附；“验于度”，指参验星象度数。这些都是古代战争中用过的。孙武子断然予以否定，弃之不用。他认为，要知道敌情，就“必取于人”，除此是不可能的。进行战争要“知己知彼”，知彼“必取于人”，知己就更不用说了。

古代出师必告庙，这种形式在《孙子兵法》中还是保留的，但已改为庙算了。《计篇》讲的就是这个问题。所谓庙算，就是在庙堂之上计算敌我双方的军事实力、经济实力和政治实力。其中有些算法是以往就有的，如说：

“法：一曰度，二曰量，三曰数，四曰称，五曰胜。地生度，度生量，量生数，数生称，称生胜。”（《形篇》）

但有些算法则是孙武子独有的，这就是：计算政治军事实力。其中包括天时和地利。《计篇》讲的主要是这方面的问题。如说：

“故经之以五，校之以计而索其情：一曰道，二曰天，三曰地，四曰将，五曰法。”

“故校之以计，而索其情，曰：主孰有道？将孰有能？天地孰得？法令孰行？兵众孰强？士卒孰练？赏罚孰明？吾以此知胜负矣。”

这完全是一种新的计算国力的方法，在以往是没有的。如君主的政治能力，将帅的军事能力，从来都是不予计算的。这种算法，非常接近现代所说的综合国力，强调了政治的主导作用。而且，计算运用筹码，用的是数学方法，也是相当科学的。这样就得出结论：

“夫未战而庙算胜者，得算多也；未战而庙算不胜者，得算少也。多算胜，少算不胜，而况于无算乎？”

这里所说“无算”，并非不加计算，而是算来算去，一筹不得，即得了零分。用成语说，就是一筹莫展了。这样的国家，不管大小，迟早都是要灭亡的。

这种计算国力的方法，为战国时期一些法家和兵法家所采用，引出了一场社会大变革。可见，《孙子兵法》是为迎接新时代而写的建国纲领和治国纲领。其主旨在于：富国强兵，以取天下。只有把握住这个主旨，我们才能真正领会《孙子兵法》的理论价值和历史意义。

计算综合国力，是进行战争的前提。要进行战争，就必须稳操胜券。但这还不够。要进行战争，就必须认真考虑战争对国力的巨大消耗。《作战篇》回答的就是这个问题。

按此篇计算，兴师十万，各种费用，每天要花掉千金。这是一个惊人的数字，如依汉代货币单位换算，千金就是一千万钱，约合汉代中产之家十户的财产。一年按三百六十天计，总共要用三十六万万。所以，一次大的战役，百姓之费要十去其七，公家之费总计则十去其六。这样巨大的消耗，即使国力再强，也是难以持久的。当然，解决这个问题也可“因粮于敌”，取用于敌，但这是难以有保证的。所以，孙武子在这里提出了速战速胜的观点。如持久不决，“钝兵挫锐，屈力殚财，则诸侯乘其弊而起，虽有智者不能善其后矣。”

这是从消极方面说的。从积极方面说，则有一个如何争取全胜的问题。所谓全胜，就是把敌人的军队、城池以至国家，全部夺取过来。《谋攻篇》回答的就是这个问题。在这里，孙武子提出：战而胜敌，这固然好，但还不是最好的。因为，这样战胜敌人，自己是要付出代价的，有时还可能是沉重的代价，而所取得的胜利果实又必然是不完整的。最好是“不战而屈人之兵”，迫使敌人屈服，或放下武器，投降我方。要做到这一点，就必须以实力为后盾，用谋略来取胜。所谓谋略，主要不是就军事方面说的，而是说的政治谋略。如促成敌方政治废弛，战略松懈，君臣不和，上下离心，“民无所依”，孤立无援，等等。所以说：“上兵伐谋，其次伐交，其次伐兵，其下攻城。”如主要指军事谋略，那就与“伐兵”无以异了。不战而胜，主要不在于我之能胜，而在于敌之可胜。一个熟透了的果子，无人去摘，它也会自行落地的。这样的胜利，就不是在战场上，而是胜于庙堂之上的。当然，只有政治斗争和外交斗争，而无军事斗争，那也是不能“屈人之兵”、“拔人之城”、“取人之国”的。但进行军事斗争，也不能只限于了解敌人的军情，还必须了解敌人的政情、民情和友情。只有这样，才能做到“知己知彼，百战不殆”。

由于是从政治的高度即国家的安危存亡考虑战争问题的，所以，要进行战争就必须赢得战争。这就有一个如何进行战争才能赢得战争的问题。战争是服务于政治的，但其本身又是一个系统工程，解决这个工程必须有相应的科学军事思想和理论。《孙子兵法》就是这样一部杰作。它不仅适用于古代，其中的基本构思和设计对现代战争仍然是适用的。

战争的双方不外乎攻与守，即进攻与防御。这就要求战必胜，守必固。《形篇》很好地回答了这个问题。防御时要深藏不露，让敌人摸不着头脑，无从进攻；或示敌人以假象，让其上当，来攻必败。进攻时要像晴天霹雳，迅雷烈风，山洪暴发，让敌人无法招架，非死则降。所以说：“善攻者动于九天之上，善守者藏于九地之下。”当然，对敌人是要尽量让其暴露真形的。

攻守中的示形与隐形，还不是《孙子兵法》中最杰出的思想，最杰出的是《势篇》中提出的奇正观点。说："夫战者，以正合，以奇胜。"所谓出奇制胜，就是从这里来的。不过，要理解这一点，关键不在于如何释奇，而在于如何释"正"。所谓正，指的是部队的"分数""形名"，即：组织编制和金鼓旌旗。正者，组织良好、训练有素、号令严明、动作有节之谓也。只有这样的军队，才能作到"纷纷纭纭，斗乱而不可乱也；浑浑沌沌，形圆不可败也"。这就叫做奇。所以，奇正相生相成，是不可穷尽的。战场上的情况千变万化，要根据情况运用兵力，变换战略战术，攻要攻得奇，守要守得奇。因此说，"战势不过奇正，奇正之变不可胜穷也"。如果只从奇字上做文章，那是得不到《孙子兵法》的真谛的。

出奇制胜，但未必就能制胜。这里的关键是虚实问题。如能避实击虚，这样出奇就可制胜；否则，无论如何奇，都是无法制胜的；也有可能得不偿失，甚至大败亏输。《虚实篇》回答的就是这个问题。知敌之虚实，知我之虚实，就可出奇制胜。避敌之实是胜，击敌之虚更是胜。用我之实是胜，避我之虚也是胜。因敌我之虚实而出奇，变敌我之虚实而出奇，虚虚实实，实实虚虚，则可无往而不胜。"胜可为也"，其秘密就在这里。

这三篇（形、势、虚实），是《孙子兵法》中的精华，极富于时代性和创造性，为以往兵法所未有，开后世兵法之先河。这三篇又是合为一体，交相为用的。战场上的行动不是写文章，写文章要层次分明，顺理成章；两军交锋，攻守、奇正、虚实，必兼而用之。当然，战争也有阶段性，但每一阶段也要三者交互为用，才能取胜。每次战役都要三者交互为用而又各不相同，其变无穷，所以同样可用于现代战争。这就叫战争的规律，规律性的东西，古今一也。

在两军相争中，有一个争取主动的问题。所谓主动，并不是说要先发制人，而是在战争的时间上，地点上，阵容和作战态势上，都要争取到有利的地位，根据情况而自如地行动。可以进则进，可以止则止。能够打就打，应该守就守。进得主动，退得主动。攻得主动，守得主动。趋利避害，无不主动。敌人不知所措，全面陷于被动。这就是《军争篇》要回答的问题。“军争为利，军争为危”。决不能不顾实际，盲目行动。

但战争是双方进行的，决不会完全由一方来决定。在遇到各种特殊情况时当如何处置呢？《九变篇》回答了这个问题。这里举出了五种不同的地形和应当采取的措置。又举出四种非常态的行动，即“途有所不由，军有所不击，城有所不攻，地有所不争”。这样做，是从利害关系考虑的。例如，城可攻而不攻，是因为攻之有害而无利，徒遭损失。要做到这一点，作主帅的就必须清醒而冷静，置个人荣辱利害于度外，以国之安危存亡为己任。

《孙子兵法》的一个重要特点，是主张远距离外线作战，反对近距离内线作战，即不战于己境而战于敌境，甚至越国而战。千里行军，必然要遇到种种问题。这就要求善于应付行军途中的各种情况，处理好军队内部的关系。《行军篇》就是为此而作的。行军作战会遇到各种各样的地形，于是而有《地形篇》。“夫地形者，兵之助也。料敌制胜，计险易远近，上将之道也。”所以说：“知己知彼，胜乃不殆。知天知地，胜乃可全。”

不仅此也。在不同的地理环境中作战，士卒心态、诸侯情势、敌我双方的战争势态等，就各不相同。对此，都要有相应的措施，适当的处置，正确的方法。《九地篇》回答的就是这些问题。本篇的重点在深入敌境作战，利在速战速决，所以对速决战作了淋漓尽至的发挥，让人如临其境，如闻其声，如见其形。其中有些段落与以前各篇内容略有重复，一些释家疑其有误，殊不知这种重复只是必要的集中，集中于深入敌境进行速决战，而更具活力。就像讲话一样，有些重复是为了加重语气，提高讲话的分量，引发人们的注意力。因此，只要不是咬文嚼字，而认真领略其精神，就会看出，这是一篇气势磅礴的光辉杰作。

《孙子兵法》到此本应结束了，但言犹未尽，加进了《火攻》和《用间》。这两篇，更加强了孙武子的战争速胜观。火延昆冈，玉石俱焚。所以，火攻用得好，可一举而决定战事。用间谍也是如此，商汤和周武王都是重用间谍而一举成功的。值得注意的是：孙武子第一次把火攻和用间提到了如此重要的地位。这是非常可贵的，看了令人拍案叫奇，两千五百年前何以有如此之作耶?!

统观《孙子兵法》，可以说篇篇金玉，振振作声。只有千古兵圣才能写出这种千古不朽之作。这说明，我们的民族是伟大的，只有伟大的民族才会产生如此伟大的兵圣。他是我们民族的象征。从他那里我们可以听到历史的脚步声，中华民族正在奋起，走向世界，走向未来。

图书在版编目(CIP)数据

孙子兵法全译/田昌五著.—济南:齐鲁书社,1998.4(2013.3 重印)

ISBN 978-7-5333-0568-0

Ⅰ.孙… Ⅱ.田… Ⅲ.①兵法—中国—春秋时代②孙子兵法—译文 Ⅳ.E892.25

中国版本图书馆 CIP 数据核字(2008)第 013398 号

孙子兵法全译

田昌五 著

齐鲁书社出版发行

(地址:济南市英雄山路 189 号 邮编:250002)

http://www.qlss.com.cn

E-mail:qilupress@126.com

日照日报印务中心印刷

850×1168 毫米 32 开本 4.5 印张 2 插页 120 千字

1998 年 4 月第 1 版 2013 年 3 月第 6 次印刷

ISBN 978-7-5333-0568-0

定价:10.00 元